Leitfaden für das wissenschaftliche Bearbeiten personalpolitischer Fragestellungen

Barbara Sieben
Astrid Emmerich
Monika Huesmann
Gertraude Krell
Renate Ortlieb

Leitfaden
für das wissenschaftliche Bearbeiten
personalpolitischer Fragestellungen

Rainer Hampp Verlag   München und Mering 2003

Bibliografische Information der Deutschen Bibliothek

Die Deutsche Bibliothek verzeichnet diese Publikation in der
Deutschen Nationalbibliografie; detaillierte bibliografische
Daten sind im Internet über http://dnb.ddb.de abrufbar.

ISBN: 3-87988-749-7
1. Auflage, 2003

Zuerst erschienen als Folge 19/03 der *Diskussionsbeiträge des
Instituts für Management,* Freie Universität Berlin, Fachbereich
Wirtschaftswissenschaft.

© 2003   Rainer Hampp Verlag München und Mering
Meringerzeller Str. 10 D – 86415 Mering

www.Hampp-Verlag.de

*Liebe Leserinnen und Leser!
Wir wollen Ihnen ein gutes Buch liefern. Wenn Sie aus irgendwelchen
Gründen nicht zufrieden sind, wenden Sie sich bitte an uns.*

Inhaltsverzeichnis

Tabellen- und Abbildungsverzeichnis

Vorbemerkungen

Der vorliegende Leitfaden richtet sich insbesondere an die Studierenden der speziellen Betriebswirtschaftslehre Personalpolitik am Fachbereich Wirtschaftswissenschaft der Freien Universität Berlin, kann aber auch von anderen Studierenden
als Orientierungshilfe genutzt werden. Es werden einige grundlegende Fragen
rund um das wissenschaftliche Arbeiten angesprochen, um denjenigen eine Hilfestellung zu geben, die erstmalig eine wissenschaftliche Arbeit schreiben. Aber
auch diejenigen, die bereits Erfahrungen mit dem wissenschaftlichen Arbeiten
gesammelt haben, können hier Antworten auf speziellere Fragen finden und den
Leitfaden als Nachschlagewerk nutzen. Die Ausrichtung auf das Fach Personalpolitik wird u.a. an fachspezifischen Ratschlägen zur Literatursuche und an den illustrierenden Beispielen deutlich. Dabei soll nicht der Eindruck entstehen, es gäl-
ten hier (fach-)spezifische Regeln des wissenschaftlichen Arbeitens. Das Ziel dieses Leitfadens ist vielmehr, Ihnen als ‚unseren' Studierenden eine Anleitung zur
Verwendung des – sowohl fachübergreifenden als auch über Studienzwecke hi-
nausweisenden – Handwerkszeugs zum wissenschaftlichen Arbeiten zu geben.
Mit dieser ‚Gebrauchsanweisung' sollen Ihnen zugleich die Anforderungen offen
gelegt werden, die beim Erstellen von wissenschaftlichen Arbeiten an Sie gestellt
werden. Mit anderen Worten: Wir möchten Sie dazu auffordern und Sie dabei
anleiten, den Umgang mit diesem Handwerkszeug zu verinnerlichen; zum einen,
weil es Ihnen die Arbeit erleichtert, zum anderen, weil es die (etwas mehr als
notwendige) Voraussetzung dafür ist, dass eine Arbeit gelingt und gut bewertet
werden kann.

Im Prüfungsfach Personalpolitik werden in der Lehre drei verschiedene Formen
wissenschaftlicher Arbeit unterschieden: Hausarbeit, Seminararbeit und Studienabschlussarbeit. Eine Hausarbeit wird (neben der Klausur) als Prüfungsleistung im
Veranstaltungstyp Vorlesung/Übung verlangt, eine Seminararbeit in einem Seminar und die Studienabschlussarbeit – entweder Diplomarbeit oder wissenschaftliche Hausarbeit im Rahmen des ersten Staatsexamens – zum Ende Ihres Studiums
der Wirtschaftswissenschaft.

- Bei einer *Hausarbeit* wird die Fragestellung von uns vorgegeben, und die Literaturhinweise sind abschließend. Das bedeutet, dass außer der angegebenen

keine weitere Literatur verwendet werden muss. Ihre Aufgabe ist es, die Frage zu verstehen, die für die Antwort wichtigen Informationen aus den Texten zu entnehmen und in eine sinnvolle Ordnung zu bringen. Dabei müssen Übereinstimmungen und Unterschiede erfasst und dargestellt werden. Je nach Fragestellung sollen dann z.B. Gestaltungsvorschläge erarbeitet oder Argumente gegeneinander abgewogen werden.

- Auch bei einer *Seminararbeit* ist das Thema vorgegeben (und manchmal auch die Fragestellung), allerdings ist die Literaturliste zum Seminar nur als Einstiegshilfe zu verstehen. Eine wichtige Aufgabe besteht hier darin, weitere Literatur zum Thema zu finden.

- Bei einer *Abschlussarbeit* können dann Thema und Fragestellung der Arbeit selbst gewählt werden, und die Literatur wird überwiegend eigenständig gesucht.

Auch wenn die Anforderungen an diese drei Arten von Arbeiten zum Teil unterschiedlich sind, so müssen aber die Grundlagen des wissenschaftlichen Arbeitens bei allen gleichermaßen beachtet werden: Nach der Sichtung der Literatur sollte ein logischer und klarer Entwurf der Arbeit erstellt werden (2.1 und 2.2). Die Auswertung des Materials sollte sorgfältig und gründlich geschehen. Besonderes Augenmerk sollte dabei Arten, Ebenen und Perspektiven von Aussagen geschenkt werden (2.3). Die Einhaltung der Formalien wird bei allen Arbeitstypen vorausgesetzt (2.4 und 2.5).

Der vorliegende Leitfaden ist mit einer Ausnahme[1] so aufgebaut, dass er diesen Prozess des wissenschaftlichen Arbeitens von der Literatursuche über das Erstellen der Arbeit bis hin zu ihrer Präsentation chronologisch beleuchtet. Wenn Sie sich selbst ‚an die Arbeit' begeben, werden Sie jedoch bald feststellen, dass dies nur eine Art Idealverlauf ist: Wenn Sie anfangen zu schreiben, werden Sie noch nicht die gesamte Literatur beisammen haben, fertige Textabschnitte werden Sie

---

[1] Diese Ausnahme bildet der gesamte Punkt 3: Dort gehen wir auf wichtige Merkposten ein, die die Planung Ihrer Arbeit betreffen. Neben Überlegungen zum Zeitplan, die jegliche Art wissenschaftlicher Arbeit betreffen, sind dies einige spezielle Punkte, die sich lediglich auf Studienabschlussarbeiten beziehen. Wenn Sie bei uns eine Abschlussarbeit schreiben wollen, dann beginnt Ihr Arbeitsprozess mit der Erstellung eines Exposés. Da Sie dafür aber schon sehr viel Vorwissen benötigen, finden Sie den Punkt „Exposé erstellen und einreichen" erst unter 3.2.1.

am Ende noch einmal überarbeiten und Ähnliches mehr. Auf einzelne solcher – z.T. notwendigen – Rückkopplungsschleifen weisen wir Sie an entsprechenden Stellen hin und versuchen, Ihnen auch dazu Hilfestellungen zu geben.

Allerdings ist dies ausdrücklich *ein* Leitfaden; er soll und kann nicht andere existierende Handbücher zum wissenschaftlichen Arbeiten ersetzen. In Abbildung 1 finden Sie deshalb eine kleine Auswahl solcher Veröffentlichungen, die nicht unwesentlich zur Erstellung dieses Leitfadens beigetragen haben und die wir Ihnen zur vertiefenden Lektüre empfehlen.

Für allgemeine Fragen zum wissenschaftlichen Arbeiten empfehlen wir:

Bänsch, Axel (1999): Wissenschaftliches Arbeiten. Seminar- und Diplomarbeiten, 7. Aufl., München/Wien: Oldenbourg.

Eco, Umberto (2000): Wie man eine wissenschaftliche Abschlußarbeit schreibt. Doktor-, Diplom- und Magisterarbeit in den Geistes- und Sozialwissenschaften, 8. Aufl., Heidelberg: Müller (UTB).

Krämer, Walter (1999): Wie schreibe ich eine Seminar- oder Examensarbeit?, Frankfurt a.M./New York: Campus.

Nienhüser, Werner/Magnus, Marcel (1998): Die wissenschaftliche Bearbeitung personalwirtschaftlicher Problemstellungen. Eine Einführung (Essener Beiträge zur Personalforschung, Nr. 4, Universität-Gesamthochschule Essen), Essen: o. Verlag.

Theisen, Manuel René (2000): Wissenschaftliches Arbeiten: Technik – Methodik – Form, 10. Aufl., München: Vahlen.

Stary, Joachim/Kretschmer, Horst (1994): Umgang mit wissenschaftlicher Literatur. Eine Arbeitshilfe für das sozial- und geisteswissenschaftliche Studium, Frankfurt a.M.: Cornelsen Scriptor.

Für spezielle Fragen in Bezug auf empirische Studien empfehlen wir Ihnen einige Veröffentlichungen, die wir in Abbildung 2, Abschnitt 2.1.2.2 des Leitfadens kommentieren.

Abbildung 1: Ausgewählte Leitfäden zum wissenschaftlichen Arbeiten

Jede der in Abbildung 1 aufgelisteten Publikationen setzt besondere Schwerpunkte und hat ihren eigenen Stil. Welche davon Ihren Bedürfnissen am nächsten kommt, sollten Sie selbst erkunden.

Unabhängig davon, welche der drei Arten von wissenschaftlichen Arbeiten Sie erstellen und welche anderen Ratgeber Sie noch hinzuziehen, soll Ihnen dieser Leitfaden das verdeutlichen, was auch Umberto Eco (2000, S. 59) unterstreicht:

> „Man kann [...] auf eine wissenschaftliche Weise eine Arbeit anfertigen über ein Thema, das andere als rein ,journalistisch' qualifizieren würden. Man kann aber auch auf eine journalistische Weise eine Arbeit schreiben, die, vom Titel her, alles hätte, um wissenschaftlich auszusehen."

Im Weiteren gehen wir davon aus, dass Ihnen das Thema[2] Ihrer Arbeit bereits bekannt ist, das heißt, dass Sie selbst eine Themenidee hatten oder Sie ein vorgegebenes Thema gewählt haben. Unterschätzen Sie nicht die Wichtigkeit dieser Wahl: Immerhin geht es bei dem wissenschaftlichen Bearbeiten eines Themas um eine Tätigkeit, mit der Sie mehrere Wochen bzw. Monate beschäftigt sein werden und die insbesondere im Fall von Abschlussarbeiten zur Erlangung des Diploms oder des ersten Staatsexamens Ihren Lebensrhythmus (mit-)bestimmen wird. Damit diese Angelegenheit nicht zu einer lästigen Pflicht oder gar zu einer Last wird, sollten Sie genau überlegen, ob Sie bereit sind, sich mit dem Thema, das zur Wahl steht, längere Zeit auseinander zu setzen. Gewisse Ermüdungserscheinungen während des Arbeitsprozesses sind wahrscheinlich nie ganz zu vermeiden. Wenn Sie jedoch mit Interesse an einem Thema starten, so werden Sie auch in der Lage sein, ein Motivationstief auszuhalten und schließlich zu überwinden. Allerdings – und das zum Trost für diejenigen, die in einem Seminar nicht das Thema ihrer Wahl erhalten haben – entsteht das Interesse oftmals auch erst bei der intensiveren Auseinandersetzung mit einem Thema. Auf jeden Fall wird das Interesse an Ihrem Thema die Voraussetzung dafür sein, dass Sie seine wissenschaftliche Bearbeitung als Gewinn bringend für sich selbst erleben können.

---

[2] Mit Thema meinen wir hier den groben Rahmen, in dem sich Ihre Arbeit bewegen soll, wie z.B. „Personalpolitik in der NS-Zeit" oder „Telearbeit". Wie Sie aus solch einer Vorgabe eine Fragestellung für Ihre Arbeit entwickeln, wird im Folgenden besprochen.

1 Literatur und Informationen suchen

Am Anfang jeder Arbeit steht die Literaturrecherche. Ob es sich um Ihre eigene Idee handelt oder Ihnen ein Thema vorgegeben wurde: Zunächst einmal müssen Sie sich einen Überblick über das Themengebiet verschaffen. Grundsätzliches zum ersten Einstieg ins Thema über Bücher und Aufsätze sowie verschiedene sich daran anschließende Suchstrategien beschreiben wir unter 1.1. Unter 1.2 wird vertieft, wie Sie die so genannten neuen Medien für Ihre Suche nutzen können. Bei der Hausarbeit, die im Veranstaltungstyp Vorlesung/Übung von Ihnen erwartet wird, nehmen wir Ihnen diesen Arbeitsschritt ab, indem wir Ihnen die gesamte zur Bearbeitung notwendige Literatur vorgeben.

1.1 Grundsätzliches zur Literatursuche

Am Anfang Ihres Arbeitsprozesses sollten Sie herausfinden, was bereits an Wichtigem zu Ihrem Thema geschrieben wurde. Ein Problem ist, dass man anfangs nur schwer erkennen kann, was überhaupt ‚wichtig‘ ist. Es braucht schon ein gewisses Maß an Einarbeitung, um hierfür ein Gefühl zu entwickeln.

In den personalpolitischen Seminaren wird Ihnen meist der allererste Schritt abgenommen, indem wir Ihnen eine Liste mit Literatur zum Einlesen zur Verfügung stellen. Darüber hinaus finden Sie in den Vorlesungsreadern Grundlegendes zum Fach Personalpolitik wie auch zu den einzelnen personalpolitischen Handlungsfeldern. In all diesen Aufsätzen, Büchern und – im Fall der Reader – Auszügen aus Büchern finden Sie wiederum Verweise, anhand derer Sie eine so genannte ‚Schneeballsuche‘ starten können; d.h. mit Hilfe des jeweiligen Literaturverzeichnisses können Sie weitere Quellen auffinden, in denen etwas Interessantes zu Ihrem Thema steht, mit Hilfe dieser Quellen wieder weitere Literaturverweise und so weiter. Aber Vorsicht: ‚Schneebälle‘ können bekanntlich auch ihr Ziel verfehlen, und sie können auch eine Lawine auslösen, die Sie dann erdrückt. Sie müssen also beachten, dass Sie sich nicht zu weit von Ihrer Fragestellung weg bewegen (dazu mehr unter 2). Und Sie sollten es nicht bei dieser Suchstrategie belassen, denn in diesen Texten wird ja zum einen nicht unbedingt alles für Sie Wichtige zitiert, und zum anderen sind die Quellenangaben in der Regel maximal so jung wie die Texte selbst. Sie sollten also weitere Bücher und Aufsätze suchen.

Zunächst zu *Büchern*: Neben den erwähnten Literaturlisten und Vorlesungsreadern können für eine erste Orientierung oder Begriffsklärung Lexika – sowohl Konversationslexika als auch fachspezifische wie z.b. das „Handwörterbuch des Personalwesens" (Gaugler/Weber 1992) – hilfreich sein. Ein weiteres wichtiges Hilfsmittel sind Lehrbücher: zur Personallehre, zu(r) Management(lehre), zu Organisationstheorien oder zur Allgemeinen Betriebswirtschaftslehre.

Darüber hinaus sollten Sie auch die Buchbestände der Berliner Bibliotheken prüfen. Über das Internet (Näheres hierzu im Abschnitt 1.2.2) haben Sie Zugang zum Online-Bibliothekskatalog (OPAC) der FU Berlin, Einführungen finden in der Fachbereichsbibliothek (FBB) und in der Universitätsbibliothek (UB) jeweils am Anfang des Semesters statt. Sollte ein Buch (oder auch eine Zeitschrift, s.u.) nicht in Berlin vorrätig sein, so haben Sie die Möglichkeit der Fernleihe über die UB. Besonders hilfreich zur Vorbereitung einer wissenschaftlichen Arbeit sind in der Regel neuere Dissertationen oder Habilitationen, da man davon ausgehen kann, dass die DoktorandInnen oder HabilitandInnen eingehend den aktuellen Forschungsstand aufgearbeitet haben.

Zusätzlich sollten Sie sich auch immer auf die Suche nach geeigneten *Aufsätzen* machen, u.a., da fachwissenschaftliche Diskussionen zunächst in entsprechenden Zeitschriften ausgetragen werden, bevor sie in Bücher eingehen. Wie nun finden Sie Zeitschriftenaufsätze? Zunächst können Sie die aktuellen Ausgaben geeigneter Zeitschriften – in den alphabetisch sortierten Regalen der FBB und auch der UB – durchsehen. In Tabelle 1 ist eine Auswahl an – so genannten fachwissenschaftlichen und praxisorientierten[3] – Zeitschriftentiteln zu personalpolitisch relevanten Themen zusammengestellt.

Beim Durchblättern von Zeitschriften finden Sie wiederum nur ganz aktuelle Beiträge. Eine Möglichkeit, um auch ältere Zeitschriftenaufsätze zu finden, bieten Datenbanken, die in der UB und der FBB über CD-ROM bzw. neuerdings auch über den OPAC zugänglich sind, z.B. ABI Inform oder WISO I-III (dazu mehr unter 1.2.2). Eine Auswahl an Datenbanken mit einer Beschreibung der jeweiligen Inhalte finden Sie auf den Internetseiten der UB, Stichwort: Datenbanken.

---

[3] Auf den Unterschied zwischen als fachwissenschaftlich und als praxisorientiert etikettierten Zeitschriften gehen wir im Zusammenhang mit der Frage ein, welche Art von Literatur bzw. Veröffentlichungen Sie wofür und wie verwenden können (vgl. 2.4.1).

„Fachwissenschaftliche" Zeitschriften	„Praxisorientierte" Zeitschriften
Academy of Management Journal	Harvard Business Manager
Administrative Science Quarterly	IO-Management
Industrielle Beziehungen	People Management
Research in Personnel and Human Resource Management	Personal
	Personalführung
Research in Organizational Behavior	Personalwirtschaft
Zeitschrift für Arbeits- & Organisationspsychologie	REFA-Nachrichten
Zeitschrift für Personalforschung	Workforce
Zeitschrift für Personalpsychologie	

Tabelle 1: Ausgewählte Zeitschriften zu personalpolitischen Themen

Meist gibt es verschiedene Möglichkeiten, die relevanten Aufsätze zu finden, zum einen über *Stichwörter aus dem Titel* und zum anderen auch über (von den VerfasserInnen angegebene) *Schlagwörter*.

Oft gibt es die Schwierigkeit, unter einem bestimmten Begriff auch wirklich alle diesbezügliche Literatur zu finden. So wäre z.B. zum Thema Vergütung zudem unter verwandten Bezeichnungen wie ‚Entgelt‘ oder ‚Entlohnung‘ zu suchen. Das Suchergebnis kann aber nicht nur zu ‚mager‘, sondern oft auch zu umfangreich sein. Auch dies könnte Ihnen beim Thema Entgelt passieren. Wenn Sie für Ihr Thema z.B. Fragen der Besteuerung nicht interessieren, dann müssten Sie den Begriff weiter einschränken. Sie versuchen also, den Bereich, der nicht von Interesse ist, auszuschließen, im Beispiel durch Ausschluss des Wortes ‚Lohnsteuer‘ und verwandter Begriffe.

Eine Möglichkeit der vorwärts gerichteten Suche (also genau anders herum als bei der so genannten ‚Schneeballsuche‘) bietet Ihnen übrigens die Datenbank SSCI (*Social Sciences Citation Index*): Hier haben Sie die Möglichkeit, den Namen eines bestimmten Autors oder auch den Titel eines bestimmten Beitrags einer Autorin einzugeben und abzurufen, in welchen späteren Veröffentlichungen diese zitiert werden. Den Zugang zu dieser Datenbank finden Sie auf der Internetseite der UB, Stichwort: Datenbanken.

Sowohl Bücher als auch Aufsätze finden Sie zudem über geeignete Suchmaschinen im Internet (auch hierzu einschlägige Tipps in Krämer 1999 und in Abschnitt 1.2.2). Insbesondere für Online-Literatur, Statistiken und andere themenrelevante

Informationen, wie z.B. zur Personalpolitik spezieller Unternehmen, zu Statements von Arbeitgeberverbänden oder Programmen von Gewerkschaften, bietet sich eine Internetrecherche an.

Die Literaturrecherche wird in der Regel zu Beginn der Manuskripterstellung, also dem Schreiben der Arbeit, nicht völlig abgeschlossen sein. Vielmehr werden Sie beim Schreiben immer wieder Hinweise auf geeignete Quellen finden bzw. bemerken, dass Ihnen noch Literatur fehlt. Schließlich benötigen Sie Literatur nicht nur zu Ihrem Hauptthema, sondern auch zu Teilaspekten, die sich Ihnen manchmal erst im Laufe Ihres Arbeitsprozesses erschließen bzw. zu denen Sie sich erst später entschließen (können). Am Beispiel des Themas „Personalentwicklung in Dienstleistungsorganisationen" (vgl. dazu die beispielhafte Gliederung in Abbildung 3 auf S. 39): Hier wäre es sinnvoll, sich zunächst in die Themenblöcke Personalentwicklung und Dienstleistungsarbeit einzulesen. Im späteren Arbeitsprozess würden Sie dann – je nachdem, wie Sie Ihre Fragestellung ausrichten (vgl. 2.1.1) – z.B. Forschungsliteratur suchen, in der einzelne Trainingsmethoden kritisch beleuchtet werden, Weiterbildungsprogramme von speziellen Dienstleistungsorganisationen oder auch Ausbildungsprogramme für bestimmte Tätigkeiten. Einen Überblick über die themenrelevante Literatur sollten Sie sich jedoch bereits zu Beginn der Manuskripterstellung verschafft haben.

1.2 Informationen mit Hilfe neuer Medien suchen

Unter dem Begriff neue Medien werden hier sowohl das World Wide Web als auch Literaturdatenbanken verstanden. Gemeinsam ist beiden, dass der Zugang nur über Computer möglich ist und dass in ihnen große Mengen von Informationen stecken, die einerseits hilfreich, aber andererseits auch verwirrend sein können. Für beide Medien ist es hilfreich, Grundwissen über Datenbanken, deren Aufbau und Möglichkeiten zu haben.[4] Im Folgenden werden Orientierungs- und Suchhilfen sowohl für das World Wide Web als auch für Literaturdatenbanken gegeben, die Ihnen den Zugang zu diesen Medien erleichtern sollen.

---

[4] Grundinformationen über Datenbanken bieten z.B. Stahlknecht und Hasenkamp (1997) im Kapitel über Datenorganisation.

1.2.1 Suchen und Finden im World Wide Web

Das World Wide Web bietet nützliche und interessante Informationen. Die zentralen Fragen sind, wie Erfolg versprechend gesucht werden kann, die Informationen zielgerichtet ausgewertet werden können und diese dann für die Arbeit richtig benutzt werden.

1.2.1.1 Was bieten Internet und WWW?

Das Internet ist etwas sehr Einfaches und Kompliziertes zugleich: Es ist ein weltweites Datennetz, im Sinne von unzähligen miteinander verknüpften Netzwerken, die miteinander kommunizieren. Das Internet bietet eine enorme Menge an Informationen, ist ständig im Wandel und wächst unaufhörlich. Dadurch kann es viel Zeit und technisches Können erfordern, bis man das Potential des Internets ausschöpft. Auf dem Internet laufen verschiedene Anwendungen, die bekanntesten sind dabei *electronic mail* (E-Mail), *file transfer protocol* (FTP) und *world wide web* (WWW). Durch seine Bedeutung wird das WWW auch häufig mit dem Internet begrifflich verwechselt. Um im WWW Informationen zielgerichtet finden zu können, sind Suchmaschinen und Kataloge unverzichtbar.

Für *Suchmaschinen* durchforsten Suchroboter das Internet. Sie sammeln von Link[5] zu Link gehend große Datenmengen, die nach vorgegebenen Kriterien sortiert und in eine Datenbank eingetragen werden. Mit diesen Datenbankeinträgen werden dann die Suchanfragen beantwortet. Die Qualität einer Suchmaschine wird vor allem durch die Sortiermethoden bestimmt, mit denen bei einer Anfrage die interessanten Dokumente aus der Datenbank herausgefiltert werden. Eine Suchmaschine, die viele Tests mit gutem Ergebnis bestanden hat (vgl. o.V. 2002), ist zurzeit Google (www.google.de). Das zentrale Gütekriterium für Suchmaschinen ist die Sortierung der angezeigten Treffer. Google sortiert dabei nach dem Motto: Je häufiger auf eine Seite zu einem Thema verwiesen wird, desto treffender ist diese Seite. Weitere bekannte Suchmaschinen sind zum Beispiel Lycos (www.lycos.de), Altavista (www.altavista.de) oder Fireball (www.fireball.de). Kleinere spezialisierte Suchmaschinen sind hilfreich, um in einem bestimmten

---

[5] Ein Link ist eine Verbindung zu einer anderen Seite im WWW. In der Regel kann ein Wort oder eine Wortgruppe mit der Maus angeklickt werden, automatisch wird dann die Adresse dieser Seite gesucht, und die Seite wird angezeigt.

Segment zu suchen. Ein interessantes Beispiel ist die Suchmaschine Paperball (www.paperball.de). Paperball ermöglicht die tagesaktuelle Suche in Tages- und Wochenzeitschriften nach verschiedenen Kategorien. Einen Überblick über Suchmaschinen in englischer Sprache gibt die Seite www.search.com.

Kataloge sind im Unterschied dazu von einer Redaktion erstellte Verzeichnisse. Dies verbessert einerseits die Qualität der Eintragungen je Rubrik, andererseits enthalten Kataloge deutlich weniger Links als eine Suchmaschine. Kataloge sind vor allem dann zu empfehlen, wenn das Ziel der Suche noch relativ unklar ist oder um zunächst Überblick über ein Thema zu bekommen. Bekannte Kataloge sind zurzeit Yahoo (www.yahoo.de), alles.klar (www.alles.klar.de) oder Hotbot (www. hotbot.lycos.de). Viele Kataloge greifen, wenn sie eine Anfrage nicht beantworten können, auf eine Suchmaschine zu (Yahoo z.B. auf die Suchmaschine Google). Daher können die Antworten in Katalogen und Suchmaschinen teilweise gleich sein.

Metasuchmaschinen fragen gleichzeitig mehrere Suchmaschinen und Kataloge ab und präsentieren dann nur die Anzahl der Ergebnisse je Suchmaschine bzw. je Katalog. Metasuchmaschinen sind z.B. Metager (www.metager.de) oder Ixquick (www.ixquick.de). Eine Anfrage in einer Metasuchmaschine bietet sich vor allem bei Themen oder Schlagworten an, bei denen ausgesprochen wenige Ergebnisse zu erwarten sind.

1.2.1.2 Die Suchanfrage formulieren

Die Formulierung der „richtigen" Suchanfrage sollte mit größter Sorgfalt geschehen. Zuerst sollten Sie sich genau überlegen, was Sie wissen möchten und dafür passende Wörter suchen. Versuchen Sie dabei nicht nur ein Wort, sondern wenigstens zwei beschreibende Wörter zu finden. Dies führt dazu, dass sich die Anzahl der Suchergebnisse deutlich verringert und dadurch meist zielgerichteter ist. Einfache Schlagworte wie z.B. ‚Personalauswahl' oder ‚Personalführung' führen zu einer Anzahl von Suchergebnissen, die in der Regel nicht zielführend auswertbar sind.

Die Abfrage bei einer Suchmaschine beruht auf der Standard-Abfragesprache SQL (*structured query language*) für Datenbanken. Wichtig für die BenutzerInnen einer Suchmaschine (und entsprechend auch bei Datenbanken) ist es, verschiedene Verknüpfungen (sog. Boolsche Operatoren) von zwei oder mehr Worten zu kennen. Die wichtigsten Verknüpfungsweisen sind in der folgenden Tabelle 2 am Beispiel der Wortgruppe *total quality management* erläutert.

Eingabe in die Suchmaschine:	Gesucht werden:
total AND *quality* AND *management*	Seiten, auf denen sowohl das Wort *total* als auch das Wort *quality* und das Wort *Management* vorkommen. Die Worte müssen nicht in einer festgelegten Reihenfolge erscheinen, und es können andere Worte dazwischen stehen.
total OR *quality* OR *management*	Seiten, auf denen entweder das Wort *total*, oder das Wort *quality* oder das Wort *Management* vorkommen. Die Trefferzahl dürfte gigantisch sein.
total NOT *quality* NOT *management*	Seiten, auf denen das Wort *total*, aber nicht gleichzeitig das Wort *quality* und auch nicht das Wort *Management* vorkommen. Da das Wort *total* weitgehend unbestimmt ist, dürften die Treffer kaum aussagekräftig sein.
„*total quality management*"	Seiten, auf denen exakt die Phrase *total quality management* vorkommt.

Tabelle 2: Verknüpfungsbeispiele mit verschiedenen Boolschen Operatoren

Die Eingabe der verschiedenen Verknüpfungen unterscheidet sich je nach Suchmaschine. Informationen darüber finden sich meist auf den Seiten für die erweiterte Suche oder für die Expertensuche. Auf diesen Seiten werden dann auch noch weitere hilfreiche Verknüpfungsmöglichkeiten erläutert. Gute Ergebnisse werden häufig mit der Phrasensuche („...") erzielt.

Nachdem Sie sich eine Erfolg versprechende Verknüpfungsweise für ihre Suchbegriffe überlegt haben, muss die Anfrage eingegeben werden. Es empfiehlt sich, alle Worte klein zu schreiben. Die meisten Suchmaschinen berücksichtigen dann sowohl die Klein- als auch die Großschreibung. Bei großgeschriebenen Suchbegriffen grenzen verschiedene Suchmaschinen die Anfrage auf Großschreibung ein. Diese Eingrenzung ist vor allem dann problematisch, wenn auch nicht-deutsche Texte gefunden werden sollen oder wenn AutorInnen englische Begriffe in Kleinschreibung verwenden.

Falls Sie bei einer Anfrage einfach zwei oder mehr Worte in die Suchmaske eingeben, so haben alle Suchmaschinen eine Standard-Verknüpfung voreingestellt. Wenn Sie beispielsweise in Google die Worte *total quality management* eingeben, so werden diese drei Worte mit AND verknüpft. Bei Yahoo dagegen werden diese Worte mit OR verknüpft. Damit unterscheiden sich die Suchergebnisse grundlegend. Die Standard-Verknüpfung kann bei den meisten Suchmaschinen in der Hilfe oder der erweiterten Suche gefunden werden.

Zur Einführung und als Nachschlagewerke zum Thema Suchmaschinen eignen sich die Seiten www.suchmaschinen-verstehen.de oder www.suchfibel.de.

1.2.1.3 Die Suchergebnisse auswerten

Nachdem Sie eine Anfrage in eine Suchmaschine eingegeben haben, erhalten Sie eine Liste von Links zu Seiten im World Wide Web. Alle Suchmaschinen und Kataloge zeigen an, wie viele Seiten zu ihrer Anfrage gefunden wurden. Die Anzahl der gefundenen Seiten ist der erste Hinweis, ob ihre Suchanfrage gut und zielgerichtet formuliert war.[6] Falls die Anzahl der gefundenen Seiten sehr hoch ist, sollten Sie besser ihre Suchanfrage noch einmal gründlich überdenken, als einfach anzufangen, die ersten Links zu betrachten. Bei einer hohen Trefferzahl erhalten Sie oft viele unzutreffende und zusammenhangslose Seiten, deren Betrachtung ermüdend und langweilig werden kann. Je zielgerichteter Ihre Suche ist, desto ergiebiger sind auch die dazu gefundenen Seiten. Falls die Liste der Seiten ausgesprochen kurz ist, sollten Sie zuerst die Rechtschreibung Ihrer Suchanfrage und dann die Anfrage selbst nochmals genau überprüfen.

Die Reihenfolge der aufgelisteten Seiten drückt bei den meisten Suchmaschinen auch eine Rangordnung aus.[7] In der Regel stehen die Seiten, deren Inhalt einen starken Bezug zu ihrer Anfrage haben, weiter oben als die Seiten, deren Bezug kleiner ist. Die Qualität dieser Rangordnung ist sehr unterschiedlich. Sie ist von der Qualität der Indexeintragungen der Suchroboter oder der Katalogerfassenden abhängig. An dieser Stelle wird noch einmal deutlich, wie wichtig eine gut formulierte Suchanfrage ist: Je exakter die Anfrage, desto kleiner ist die Zahl der gelisteten Links, desto eher können Sie alle gelisteten Seiten in Ihre Ergebnisaus-

---

[6] Es gibt keine „richtige" Anzahl von Treffern, als Daumenregeln kann aber gesagt werden, dass die Liste weniger als 100 Seiten enthalten sollte.
[7] Ein in Bezug auf verschiedene Suchmaschinen noch ungeklärtes Problem sind die bezahlten Links (*paid links* oder *sponsored links*). Viele Suchmaschinen kennzeichnen bezahlte Links zu einem Suchbegriff deutlich, in einzelnen Maschinen erscheinen aber diese Links an den ersten Plätzen der Trefferliste.

wertung einbeziehen und sind damit unabhängiger von der Reihenfolge der Suchmaschine.

Bisweilen bleibt aber die Liste der Links so lang, dass Sie nicht jede Seite anschauen können. In solchen Fällen ist es hilfreich, die Liste der Seiten nach einzelnen Kriterien zu scannen. Geübte SuchmaschinenbenutzerInnen lesen nicht die Überschriften der vorgeschlagenen Seite zuerst, da die Bezeichnung der Seiten oft wenig systematisch und hilfreich ist, sondern meist zufällig und nichts sagend. Viele interessante Hinweise enthält dagegen die am Ende stehende Internetadresse (URL: *uniform resource locator*). Dies soll hier an drei Beispielen demonstriert werden:

1. www.gesundheitsforschung-
   bmbf.de/aktuelles/projekte/Training_emotionaler_Intelligenz

   Die Adressen im WWW beginnen meist mit *www.*, daran schließt sich die Hauptadresse an, also die Internetadresse, zu der diese vorgeschlagene Seite gehört. In diesem Fall ist dies *gesundheitsforschung-bmbf.* Damit ist klar, dass die vorgeschlagene Seite zu der Internetseite der Gesundheitsforschung des Bundesministeriums für Bildung und Forschung (BMBF) gehört. Das Folgende *.de* gibt ihnen Auskunft über das Land, in dem diese Internetseite angeboten wird, *de* steht hier für Deutschland, *at* für Österreich, *it* für Italien usw. Endungen wie *.com* (commercial), *.int* (international) oder *.org* (organisation) geben Ihnen Auskunft darüber, zu welcher Kategorie von Seiten die Adresse gehört.

2. www.weka.ch/de/shop/products/management.htm

   Auch hier handelt es sich um eine Adresse im World Wide Web, diesmal in der Schweiz. Hier wird aber bereits in der Adresse deutlich, dass es sich um einen Internetversand handelt, der Produkte zum angefragten Thema (hier: Total Quality Management) anbietet. Die Endung der Adresse (*htm* oder auch *html* für *hyper text markup language*) zeigt an, dass es sich um eine HTML-Seite, also eine Internetseite handelt.

3. www.inf-wiss.uni-konstanz.de/People/MR/pubs/iq_chur.pdf

   Diese Adresse zeigt an, dass die Suchbegriffe auf der Internetseite der Informationswissenschaften der Universität Konstanz gefunden wurden. Hier handelt es sich aber nicht um eine Internetseite, sondern um ein Dokument im pdf-Format (*portable document format*), das mit der Software Adobe Acrobat geöffnet werden kann.

Am Beispiel dieser drei URL wird deutlich, dass Sie viele der angezeigten Treffer bereits auf den ersten Blick kategorisieren können: So kann sehr häufig der URL entnommen werden, wer der Anbieter der Internetseite ist, in welcher Sprache die Seite aller Voraussicht nach verfasst wurde und welches Dateiformat die Seite hat. Je nach Interessenlage können Sie mit diesem Wissen einige Seiten einfach unbeachtet lassen oder auch spannende Seiten schnell erkennen.

1.2.1.4 Mit Informationen aus dem World Wide Web umgehen

Seiten im WWW werden häufig verändert und ausgetauscht. Der Vorteil ist die hohe Aktualität von Seiten, der Nachteil ist, dass Sie nie darauf vertrauen können, Seiten unverändert wieder zu finden. Sie sollten daher immer alle interessanten Seiten sofort speichern, damit Sie einerseits auf diese Seiten zurückgreifen können und andererseits die gespeicherten Seiten, die Sie als Literatur verwendet haben, als Anlage zu Ihrer Arbeit mit abgeben können.[8]

Die Freie Universität Berlin ist wie viele deutsche Universitäten Lizenznehmerin der Firma turnitin.com, die sich darauf spezialisiert hat, Haus-, Seminar-, Abschluss- und Doktorarbeiten mit Informationsmaterialien aus dem Internet, Seiten im WWW und allen eingereichten Dateien aller LizenznehmerInnen abzugleichen.[9] Damit können Plagiate, nicht gekennzeichnete wörtliche Zitate und nicht angegebene Literatur aufgedeckt werden. Turnitin zeigt entsprechende Auffälligkeiten an. Gehen Sie davon aus, dass wir es als Betrugsversuch werten, wenn sich bei Ihrer Arbeit ein solcher Verdacht erhärtet.

Sie sollten mit Materialien aus dem Internet daher ausgesprochen sorgsam umgehen: Falls Sie wörtlich zitieren, kennzeichnen Sie diese Stellen als direkte Zitate (vgl. 2.4.2), und listen Sie alle verwendeten Seiten im Literaturverzeichnis auf

---

[8] Im Notfall gibt es im Internet das Web-Archiv. Hier werden seit 1996 Internetseiten gespeichert (bisher ca. 10 Milliarden Seiten), und so kann auf alte und vergessene Seiten zugegriffen werden (www.archive.org). Ob allerdings die eine gesuchte Seite dann dabei ist, das ist weitgehend Glückssache.
[9] Nähere Informationen zur Vorgehensweise und den Möglichkeiten sind auf der Internetseite der Firma unter www.turnitin.com zu finden.

(vgl. 2.4.3). Achten Sie darauf, dass Sie nicht unbeabsichtigt Sätze oder Formulierungen übernehmen, sondern sich in eigenen Worten ausdrücken.

Die Zitierfähigkeit von Internetdokumenten kann anhand der Kriterien im Abschnitt 2.4 geprüft werden. Sie sollten aber gerade bei Internetdokumenten sorgfältig prüfen, ob die Person oder Institution die Aussage, die ihr dort unterstellt wird, tatsächlich gemacht hat. Für Aufsätze in Zeitschriften und für Bücher wird vor der Veröffentlichung oft besser und gründlicher recherchiert, als dies für das Internet der Fall ist. Gerade die Schnelllebigkeit von Internetseiten und die Anonymität führen auch zu irreführenden oder falschen Zuschreibungen. Um die Qualität eines Internetdokumentes beurteilen zu können, ist es meist sehr hilfreich, bereits einige Informationen zum Thema aus klassischen Medien wie Zeitschriften und Büchern zu haben. Weiterhin kann der Ort einer Veröffentlichung als Indiz für deren Qualität dienen: Universitäten, öffentliche Forschungseinrichtungen und Behörden prüfen meist den Inhalt von Veröffentlichungen auf ihren Seiten. Deutliche Vorsicht ist bei kommerziellen oder privaten Anbietern von Seminar- und Diplomarbeiten geboten: Viele Anbieter legen mehr Wert auf die Anzahl von Arbeiten als deren Qualität. Da die Veröffentlichung im Internet einfach und unbürokratisch möglich ist, werden in diesem Medium sowohl Informationen von ausgesprochen schlechter Qualität veröffentlicht als auch sehr aktuelle, spannende und hochwertige Informationen.

1.2.2 Suchen und Finden in Literaturdatenbanken

Im Zusammenhang mit wissenschaftlichen Arbeiten werden Literaturdatenbanken immer wichtiger. Da die Zahl von Fachpublikationen zunehmend größer und unübersichtlicher wird, verzichten viele Bibliotheken auf Print-Ausgaben von Zeitschriften, und die Zahl an elektronischen Zeitschriften wächst. Schon deshalb sollten Sie sich mit Literaturdatenbanken früh vertraut machen, damit Sie deren Möglichkeiten möglichst gut auszunutzen lernen und sich wesentliche Arbeitserleichterungen bei der Literatursuche verschaffen.

1.2.2.1 Was bieten Literaturdatenbanken?

Verschiedene Literaturdatenbanken ermöglichen die Suche in Zeitschriften, Büchern und verschiedenen Dokumenten wie Working Papers, Tagungsberichten u.ä. Einzelne Datenbanken bieten auch Volltexte an: Dies bedeutet, dass Sie gewünschte Artikel direkt als Datei, meist als pdf-Datei, erhalten können. Ein wichtiger Vorteil von Literaturdatenbanken ist die zumeist hohe Aktualität der Veröffentlichungen: Sie erhalten Zeitschriftenartikel, die fast druckfrisch sind. Vorsicht ist allerdings geboten, wenn Sie ältere Zeitschriftenartikel, Bücher oder andere Dokumente suchen. Ältere Jahrgänge von Zeitschriften oder Bücher sind oft nur fragmentarisch in die Datenbanken aufgenommen worden; in vielen Bibliotheken müssen Sie dann auf Karteikartensysteme zurückgreifen. Eine Recherche in Literaturdatenbanken kann sich deshalb in der Regel nur auf jüngere Veröffentlichungen beziehen. Genaue Daten hierzu erhalten Sie bei der zuständigen Bibliothek oder den Betreibern der jeweiligen Datenbank.

Es gibt im WWW verschiedene Literaturdatenbanken, die frei zugänglich sind. Die Arbeit mit diesen Datenbanken kann zu verschiedenen Problemen führen: Oft ist nur schwer oder gar nicht herauszufinden, welche Zeitschriften ab wann mit welcher Systematik erfasst wurden und ob die so genannten Volltexte nur Zusammenfassungen sind. Eine Zusammenstellung von frei verfügbaren Literaturdatenbanken ist auf der Seite Datenbanken im Internet auf der Homepage der Universitätsbibliothek der Freien Universität Berlin zu finden.

Viele gut sortierte Literaturdatenbanken sind kostenpflichtig und daher für Studierende oft zu teuer. Die Freie Universität Berlin hat eine große Menge an Literaturdatenbanken und elektronischen Zeitschriften aus den unterschiedlichsten Fachgebieten abonniert. Diese sind über die Homepage der Universitätsbibliothek von allen Computern im Universitätsbereich zugänglich (www.ub.fu-berlin.de).

Die elektronischen Zeitschriften (E-Journale) sind mit dem Programm DARWIN (Digitale Naturwissenschaftliche Bibliothek der Freien Universität Berlin) zugänglich, in DARWIN kann nach Zeitschriftentitel und Fachgebiet gesucht werden (http://darwin.inf.fu-berlin.de/work/Main).

Die Bibliothek bietet eine systematische Übersicht der Literaturdatenbanken an. Unter dem Fachgebiet Wirtschaftswissenschaften sind zurzeit 14 Datenbanken gelistet, die ausgesprochen unterschiedlich sind. Sie finden dort Datenbanken mit verschiedenen Schwerpunkten, wie z.B. internationale Wirtschaftspolitik oder statistische Datensammlungen. Zu jeder Datenbank ist eine Kurzzusammenfassung des Inhaltes, des Berichtszeitraumes und der Aktualisierungsfrequenz verfügbar. Sie sollten aber auch hier über den Zaun schauen: Veröffentlichungen aus anderen Sach- oder Wissenschaftsgebieten können sehr spannende interdisziplinäre Sichtweisen eröffnen.

Zum Einstieg in die Literatursuche bieten sich die Datenbanken Business Source Elite und WISO 1 an. Die Business Source Elite stellt Volltexte vieler, vor allem englischsprachiger Zeitschriften zur Verfügung. Die Datenbank WISO 1 bietet bibliografische Verweise auf vorwiegend deutschsprachige Zeitschriften.

1.2.2.2 Die Suchanfrage formulieren und die Trefferliste verstehen

Auch bei Literaturdatenbanken ist die Formulierung der Suchanfrage ausgesprochen wichtig: Je exakter die Anfrage formuliert ist, desto treffender und auch interessanter sind die Suchergebnisse. Die Regeln für die Formulierung der Anfrage entsprechen der Formulierung für das WWW, da beide Anfragen an Datenbanken gerichtet werden.

Sie sollten Ihre Suche nicht auf deutsche Begriffe beschränken. Es wird von Ihnen bei den meisten Themen erwartet, dass Sie auch englischsprachige Literatur in Ihre Recherche einbeziehen. Für die Suche mit englischen Begriffen sollten Sie sich versichern, dass diese auch die entsprechenden Fachbegriffe sind. Dies können Sie sowohl über einschlägige englische Literatur oder über Fachwörterbücher feststellen. Ein gutes deutsch-englisches und englisch-deutsches Wissenschaftslexikon ist LEO (http://dict.leo.org/). Auch wenn Sie sich auf deutschsprachige Literatur beschränken wollen, ist es oft hilfreich, sowohl den deutschen als auch den englischen Fachbegriff einzugeben, da viele AutorInnen auch in deutschen Texten englische Begriffe nicht übersetzen oder englisch zitieren. Die Datenbank Business Source Elite bietet auch noch die Möglichkeit, die Suche auf Zeitschriften zu beschränken, bei denen alle Artikel von ExpertInnen überprüft werden, bevor sie in dieser Zeitschrift erscheinen können (*peer-reviewed journals*, bzw. *scholarly journals*). Diese Einschränkung hat den Vorteil, dass nur in anerkannten wissenschaftlichen Zeitschriften gesucht wird.

Nach erfolgter Suche erhalten Sie Trefferlisten, die alle Ihrer Anfrage entsprechenden Artikel auflisten, meist chronologisch nach Erscheinungsdatum sortiert. Auch hier sollte die Anfrage so exakt formuliert werden, dass die Trefferliste nicht zu lang ist und Sie zumindest die Überschriften und AutorInnen aller Artikel lesen können. In der Datenbank WISO 1 erhalten Sie zu jedem Artikel Angaben über den Titel der Zeitschrift oder des Buches, Erscheinungszeitpunkt und Seitenzahlen.

Welche Bibliothek diese Zeitschriften abonniert hat oder im Besitz eines bestimmten Buches ist, können Sie auch mit Hilfe des WWW herausfinden.

Für *Zeitschriften* hat die Deutsche Bibliothek in Frankfurt a.M. einen OPAC der Zeitschriftendatenbank im Internet zur Verfügung gestellt. Dieser enthält einen umfangreichen Titel- und Besitznachweis (http://pacifix.ddb.de:7000/?SRT=YOP &IMPLAND=Y). Bei jeder Zeitschrift wird ein Bestandsnachweis aller deutschen Bibliotheken angezeigt. Dort erfahren Sie, welche Bibliothek diese Zeitschrift besitzt oder sie in elektronischer Form zur Verfügung stellt. Falls eine Zeitschrift nicht in einer für Sie erreichbaren Bibliothek zu finden ist, gibt es auch die Möglichkeit, kostenpflichtig Kopien von bestimmten Artikeln zu erhalten. Dieser Service ist allerdings sehr teuer.[10] Die Fernleihe von Zeitschriften ist nur an wenigen Bibliotheken möglich, daher sollten Sie sich vorab bei der entsprechenden Bibliothek informieren.

Für den Bestandsnachweis von *Büchern* müssen Sie andere Datenbanken benutzen. Ob die Bücher, die Sie suchen, an der Freien Universität vorhanden sind, können Sie über den FU-OPAC herausfinden. Es ist aber auch möglich, in anderen Universitäten Berlins, allen Bibliotheken in Berlin oder ganz Deutschland nach einem bestimmten Buch zu suchen und dieses über Fernleihe zu bestellen. Die entsprechenden URL finden Sie als Linkliste im FU-OPAC unter Datenbanken/Kataloge. Eine bequeme Abfrage ist über den Karlsruher Virtuellen Katalog

---

[10] Einen kostenpflichtigen Dokumentenkopierservice können Sie bei der Deutschen Bibliothek in Frankfurt a.M. finden (www.ddb.de), eine weitere Möglichkeit ist der SUBITO-Service (www.subito-doc.de/).

der Universität Karlsruhe möglich (www.ubka.uni-karlsruhe.de/kvk.html), hier können viele der deutschen Bibliothekskataloge gleichzeitig abgefragt werden.

1.2.2.3 Mit Volltexten umgehen

Die Volltexte von Zeitschriftenartikeln von vielen Literaturdatenbanken wie z.b. Business Source Elite entsprechen den Artikeln in Print-Ausgaben derselben Zeitschrift.[11] Die überwiegende Zahl der Artikel erhalten Sie in pdf-Format. Diese Artikel können im Prinzip wie alle übrigen Zeitschriftenartikel behandelt und zitiert werden. Problematisch ist es, wenn Sie den Artikel nur in HTML-Format erhalten können: Bei diesem Format erhalten Sie im Prinzip keine zitierfähigen Seitenangaben, da der Text fortlaufend ist. Wenn Sie den entsprechenden Text mit Seitenzahlen versehen ausdrucken und im Anhang Ihrer Arbeit beifügen, können Sie für eine Arbeit für das Prüfungsfach Personalpolitik die Seitenzahlen des Ausdrucks zum Zitieren benutzen. Ansonsten müssen Sie, falls Sie aus einem Artikel in HTML-Format ein Zitat entnehmen, versuchen, den Artikel in gedruckter Form zu erhalten, um über eine zitierfähige Seitenangabe zu verfügen. Falls dies nicht möglich ist, müssen Sie die Stelle des Zitates durch Angabe des Abschnittes, der Überschrift o.Ä. möglichst exakt beschreiben.

Bei einigen Artikeln der Datenbank Business Source Elite wird auf elektronische Zeitschriften der Freien Universität Berlin verwiesen. In diesem Fall wird Ihnen ein Link zum Programm DARWIN angeboten. Sie müssen dann in dieser Datenbank nach der entsprechenden Zeitschrift und dem Artikel suchen.

Die Suche nach Volltexten in Literaturdatenbanken ist mit etwas Übung ausgesprochen bequem. Dabei sollte Ihnen aber bewusst sein, dass viele Aufsätze aus anerkannten und damit wichtigen Zeitschriften nicht als Volltexte erhältlich sind. Die Suche in Literaturdatenbanken mit Volltexten kann damit eine wertvolle Hilfe zur Literaturbeschaffung sein, sie kann aber nicht als ausschließliches Mittel der Literatursuche eingesetzt werden.

---

[11] Dies ist nicht bei allen frei im Internet verfügbaren Literaturdatenbanken der Fall: Einige Datenbanken stellen nur Zusammenfassungen zur Verfügung, diese Verkürzungen sind aber nicht immer sofort erkennbar.

2 Die Arbeit erstellen

2.1 Die Fragestellung festlegen und mit geeigneten Methoden verfolgen

Der Kern jeder wissenschaftlichen Arbeit ist eine Frage- oder Problemstellung bzw. die genaue Formulierung der Zielsetzung der Arbeit. Bei den Hausarbeiten, die Sie im Prüfungsfach Personalpolitik im Rahmen des Veranstaltungstyps Vorlesung/Übung erstellen, wird Ihnen die Fragestellung genau vorgegeben, bei Seminararbeiten weitgehend, insbesondere bei Abschlussarbeiten ist dies jedoch einer Ihrer wichtigsten anfänglichen Schritte: Während und mit Hilfe Ihrer ersten Literaturrecherche sollten Sie festlegen, aus welchem Blickwinkel bzw. mit welchem Ziel Sie Ihr Thema bearbeiten wollen. Dafür möchten wir Sie unter 2.1.1 auf unterschiedliche *Arten von Fragestellungen* und ihre jeweiligen Erfordernisse bzw. ,Tücken' hinweisen. Unter 2.1.2 gehen wir auf einen damit eng verbundenen Punkt ein, nämlich die Wahl der geeigneten Methoden. Insbesondere geben wir Ihnen dort Hinweise zu so genannten *empirischen Arbeiten*. Und schließlich machen wir unter 2.1.3 deutlich, dass die – zunächst erarbeitete und in der Einleitung darzulegende (vgl. dazu 2.2.2) – Fragestellung Ihre wissenschaftliche Arbeit dann auch tatsächlich als *roter Faden* durchziehen soll. Auf weitere Entscheidungshilfen und Aspekte, die Sie bei der Wahl Ihrer Fragestellung beachten sollten (wie das eigene Interesse, zeitliche und materielle Restriktionen etc.), gehen z.B. Eco (2000, S. 16 ff.) und Krämer (1999, S. 16 ff.) ein.

2.1.1 Ausgewählte Arten von Fragestellungen

In Tabelle 3 sind zunächst einige Arten von Fragestellungen mit illustrierenden Beispielen zusammengestellt. Im Anschluss daran werden sie näher erläutert und die unterschiedlichen Schwerpunkte und Akzente des jeweiligen Typs von Fragestellung herausgearbeitet (vgl. dazu auch Nienhüser/Magnus 1998, S. 4 ff.). Diese Unterschiede sollten Sie sowohl bei der Wahl Ihrer Fragestellung als auch und insbesondere bei deren Bearbeitung beachten.

Typen von Fragestellungen	Beispiele „Ziel dieser Arbeit ist, …
1. Beschreibung	… darzustellen, welche Instrumente im Rahmen des E-Recruiting eingesetzt werden." … herauszuarbeiten, welche Positionen die Tarifpartner in Bezug auf das Gleichstellungsgesetz für die Privatwirtschaft einnehmen."
2. Bewertung	… die Eignung des BAT zur EU-rechtskonformen Arbeitsbewertung zu überprüfen." … herauszuarbeiten, welchen Beitrag ökonomische Theorien zur Krankenstandsforschung leisten können, und dabei Möglichkeiten und Grenzen aufzuzeigen."
3. Gestaltung	… Gestaltungsempfehlungen für ein Verfahren zur diskriminierungsfreien Bewertung von Dienstleistungsarbeit zu erarbeiten." … Möglichkeiten zur Erhöhung der sozialen Validität bei der Personalauswahl aufzuzeigen."
4. Erklärung	… einen Beitrag zur Erklärung dazu zu leisten, warum im öffentlichen Dienst Leistungszulagen eingeführt werden." … Gründe dafür zu diskutieren, warum Frauen in Führungspositionen unterrepräsentiert sind."
5. Mehrperspektivenanalyse	… aus der Perspektive unterschiedlicher theoretischer Ansätze das Phänomen des betrieblichen Krankenstandes zu beleuchten, und zwar im Hinblick auf mögliche Ursachen und Gestaltungsempfehlungen." … die Bilder ‚Organisation als Maschine' und ‚Organisation als Organismus' daraufhin zu untersuchen, welche Menschenbilder damit verknüpft sind und welche Konsequenzen dies für die betriebliche Personalpolitik mit sich bringt."
6. Ideologiekritik	… die Aussagen ‚Frauen führen schlechter' und ‚Frauen führen besser' auf ihre Ideologiehaltigkeit hin zu betrachten und anhand empirischer Ergebnisse zu diskutieren." … den ideologischen Kern des Leistungsprinzips herauszustellen." … die vermeintliche wissenschaftliche Fundierung des ‚Erfolgsfaktors Emotionale Intelligenz' zu hinterfragen und als Vermarktungsstrategie zu entlarven."
7. Diskursanalyse	… den Diskurs um die Vorteilhaftigkeit weiblicher Führung zu rekonstruieren und die damit verbundenen Machtwirkungen herauszuarbeiten." … zu beschreiben, wie Menschen durch Verfahren der Personalauswahl zum Subjekt und Objekt gemacht werden, um aufzuzeigen, welche Machtwirkungen diesen Verfahren innewohnen."

Tabelle 3: Ausgewählte Arten von Fragestellungen (1. bis 4. angelehnt an Nienhüser/ Magnus 1998, S. 4)

Zu 1.: *Beschreibungen* stellen Entwicklungen oder Zustände dar. Man fragt, was der Fall ist, welche Instrumente angewendet werden, wie sich etwas in einem bestimmten Zeitraum verändert hat (z.b. die betriebliche Mitbestimmung in den letzten zehn Jahren), oder auch, wie ausgewählte AkteurInnen etwas beurteilen: wie sie eine (historische) Entwicklung (z.b. die der Mitbestimmung) einschätzen, welche Position sie zu einem Gesetz(esentwurf) einnehmen oder auch wie sie ein Phänomen (z.b. den betrieblichen Krankenstand) wahrnehmen. Eine solche beschreibende Bestandsaufnahme sollte nicht mit Bewertungen oder Gestaltungsempfehlungen vermischt werden, und die Darstellung von Meinungen oder Positionen muss (sprachlich) klar unterschieden werden von einer Sachverhaltsbeschreibung.

Beschreibungen können im Übrigen nicht nur, wie hier aufgezeigt, Zielsetzung einer wissenschaftlichen Arbeit sein, sondern sind oft auch ein notwendiger erster Schritt z.B. zur Entwicklung von Gestaltungsempfehlungen (vgl. Punkt 3), zur Analyse aus mehreren Perspektiven (vgl. Punkt 5) oder zur ideologiekritischen Betrachtung (vgl. Punkt 6). Auch dann gilt, dass beschreibende Teile oder Passagen Ihrer Arbeit von den weiteren klar zu unterscheiden sein müssen.

Zu 2.: Eine *Bewertung* fragt nach der Eignung von Verfahren, Konzepten, Methoden oder Theorien etc. im Hinblick auf ein (Gestaltungs- oder Erklärungs-)Ziel. Für eine solche Fragestellung müssen Sie Ihre Bewertungskriterien offen legen und begründen. So würden Sie sich in der oben als Beispiel angeführten Bewertung des Bundesangestelltentarifvertrags (BAT) auf die Kriterien für eine diskriminierungsfreie Arbeitsbewertung beziehen, die das Europäische Recht, insbesondere auch der Europäische Gerichtshof (EuGH), formulieren. Bewertungskriterien können aber auch von Ihnen selbst festgelegt werden. Wenn es z.B. um Verfahren der Personalauswahl oder -beurteilung geht, könnten Sie als Kriterien die rechtliche Zulässigkeit, die Kostenintensität, die methodische Qualität oder auch Machtwirkungen der Verfahren wählen. Wichtig ist: Bei einer vergleichenden Bewertung mehrerer Objekte müssen Sie für alle dieselben Kriterien benutzen, d.h. Sie sollten nicht bei dem einen Verfahren nur die Kosten berücksichtigen und bei dem anderen nur die rechtliche Zulässigkeit.

Fragen Sie nach dem *Beitrag einer oder mehrerer Theorie(n) oder Methode(n)* für die Erforschung eines Gegenstandsbereichs, so geht es ebenso um deren Bewertung: Anders als bei einer Erklärung (vgl. Punkt 4) suchen Sie nicht nach der Antwort auf eine Warum-Frage, sondern Sie zeigen – z.B. anhand einer Sichtung empirischer Studien – auf, ob und inwieweit bestimmte Fragen mit Hilfe dieser Theorie(n) bzw. Methode(n) beantwortet werden können. Dies beinhaltet eine kritische Würdigung der gewählten Ansätze, also das Aufzeigen ihrer Möglichkeiten und Grenzen. Und auch hier gilt: Legen Sie Ihre Bewertungskriterien und deren Begründung offen, und benutzen Sie bei einer vergleichenden Bewertung dieselben Kriterien.

Zu 3.: Bei der Entwicklung von *Gestaltungsempfehlungen* geht es um die Frage, wie Maßnahmen ausgestaltet sein sollten, um ein bestimmtes Ziel zu erreichen – entweder für ein konkretes Unternehmen, wo die Ausgangsbedingungen bekannt sind, oder prototypische Empfehlungen, die noch auf konkrete Bedingungen anzupassen wären. Dies setzt oft eine Bewertung voraus. So sind z.B. die im obigen Beispiel angesprochenen, dem Europäischen Recht entnommenen Prüfkriterien zugleich geeignet, Aussagen darüber zu treffen, wie ein Verfahren zur EU-rechtskonformen Arbeitsbewertung ausgestaltet sein muss. Wichtig ist, dass Gestaltungsempfehlungen in einer wissenschaftlichen Arbeit nicht nur rezeptartig aus der Literatur zusammengetragen werden dürfen. Sie müssen vielmehr wissenschaftlich begründet sein (bzw. von Ihnen begründet werden) – z.B. anhand einer Theorie überprüft und/oder mit empirischen Belegen untermauert. Dazu gehört auch, in der Literatur vorgefundene Empfehlungen kritisch zu diskutieren sowie auf die Möglichkeiten und Grenzen der von Ihnen erarbeiteten Empfehlungen hinzuweisen.

Zu 4.: Mit *Erklärungen* beantworten Sie eine Warum-Frage. Dafür können theoretische Ansätze hinzugezogen werden (z.B. die Anreiz-Beitrags-Theorie zur Erklärung der Einführung von Leistungszulagen), historische Entwicklungslinien aufgezeigt (z.B. die geschlechtsspezifische Segregation von Arbeitsplätzen für die Unterrepräsentanz von Frauen in Führungspositionen) oder auch Begründungen verschiedener AkteurInnen zusammengetragen und problemorientiert analysiert werden. Dabei muss wiederum klar getrennt werden zwischen theoretisch und/ oder empirisch gestützten Erklärungen und von bestimmten AkteurInnen gegebenen Begründungen. Letztere dürfen niemals als Fakt wiedergegeben werden (s.o. und vgl. auch 2.3.2.2). Wichtig ist, bei einer solchen Ursachenforschung eventuell zugrunde liegende implizite Theorien (über Menschen, Frauen, Motivation etc.) herauszuarbeiten und bei allen Erklärungsversuchen ‚wissenschaftliche Vorsicht' walten zu lassen: Die äußerst komplexe, vielgestaltige Organisations‚wirklichkeit' lässt sich kaum auf einfache Ursache-Wirkungs-Zusammenhänge reduzieren.

Zu 5.: Wenn Sie eine *Mehrperspektivenanalyse* vornehmen, dann betrachten Sie einen Gegenstandsbereich im Lichte verschiedener Ansätze (wie z.B. Theorien, Modelle oder auch programmatische Orientierungen[12]). Sie zeigen auf, welches Bild – bezogen auf die in Tabelle 3 angeführten Beispiele: von dem Phänomen Krankenstand bzw. von der Organisation im institutionellen Sinn – aus den jeweils ausgewählten Perspektiven gemalt wird und welche Problemanalysen und Gestaltungsempfehlungen daraus erwachsen bzw. wie bestimmte Gestaltungsempfehlungen aus diesen Perspektiven zu bewerten sind. Dabei dürfen Sie allerdings nicht der Gefahr erliegen, Perspektive und Gegenstandsbereich zu verwechseln. Am Beispiel der auf den Krankenstand bezogenen Themenstellung würden Sie *nicht* verschiedene Ansätze zur Kostenreduktion durch eine Senkung des Krankenstandes diskutieren, *sondern* z.B. analysieren, dass aus einer ökonomischen Perspektive krankheitsbedingtes Fehlen als opportunistisches Verhalten der Beschäftigten und als Kostenfaktor für das Unternehmen im Vordergrund steht, während aus einer politikorientierten Perspektive der Blick u.a. darauf gelenkt wird, dass sowohl der Krankenstand selbst als auch die Diskussion darüber als politische Arena betrachtet werden können, wie dies z.B. Renate Ortlieb (2003) in ihrer Dissertation tut.

---

[12] Zu programmatischen Orientierungen von Personallehren vgl. z.B. Krell (1996a; 1999) Hierauf gehen wir im abschließenden Abschnitt 5 noch einmal näher ein.

Auf die unter 6. und 7. genannten Fragestellungen gehen wir etwas ausführlicher ein, weil sie nicht zum ‚Standardrepertoire‘ der Literatur zum wissenschaftlichen Arbeiten gehören. Aus einer personalpolitischen Perspektive sind diese Fragestellungen aber von besonderer Bedeutung, weil sie sich kritisch mit der Produktion von Wissen, dessen Interessengebundenheit und dessen Beiträgen zur Herrschaftssicherung auseinandersetzen. Insofern gibt es trotz der herauszustellenden Unterschiede auch einen gemeinsamen Nenner[13] von (radikal aufklärerischer)[14] Ideologiekritik und (kritischer)[15] Diskursanalyse.

Zu 6.: Bevor wir erläutern, was unter einer ideologiekritischen Arbeit zu verstehen ist, müssen wir kurz auf den *Ideologiebegriff* eingehen. Für einen umfassenden Überblick über das – was Sie vielleicht schon ahnten: keineswegs einheitliche – Verständnis von Ideologie verweisen wir auf Lenk (1984b). Für unsere Zwecke genügt es festzuhalten, dass unter Ideologien Aussagensysteme verstanden werden, die die Wirklichkeit verschleiern. So könnte man z.B. das Leistungsprinzip als Ideologie ‚entlarven‘, indem man nachweist, dass es nicht wirklich oder nicht nur die Leistung ist, die, wie die These vom Leistungsprinzip behauptet oder suggeriert, über den beruflichen Erfolg eines Menschen entscheidet, sondern auch Beziehungen, Protektion, das Geschlecht etc. (vgl. dazu z.B. Hartmann 2002, der den „Mythos von den Leistungseliten" hinterfragt). Damit ist auch schon angesprochen, was unter *Ideologiekritik* verstanden wird. Es geht nämlich darum zu zeigen, dass bestimmte Behauptungen oder auch wissenschaftliche bzw. als wissenschaftlich ausgegebene Erkenntnisse (wie z.B. auch: „Schwarze haben einen geringeren IQ als Weiße" oder „Frauen führen schlechter als Männer") nicht zutreffend sind. Für einen solchen Nachweis kann man sich auf Theorien, auf Ergebnisse empirischer Erhebungen o.Ä. stützen. Aber das ist noch nicht alles. Ideologiekritik zu üben, heißt darüber hinaus herauszuarbeiten, „daß diese Verkehrtheiten untereinander System machen, daß sie ein in ganz bestimmter Richtung –

---

[13] Zu diesem gemeinsamen Nenner vgl. auch Angermüller (2001, S. 16ff.).
[14] Kurt Lenk (1984a) unterscheidet zwischen *konservativer* Ideologiekritik, die nur ‚die Elite‘ aufklären will, aber – aus Gründen der Ordnungs- und Herrschaftssicherung – nicht das ‚tumbe Volk‘, und einer *radikal-aufklärerischen* Ideologiekritik, die – wie der Name schon sagt – in emanzipatorischer Absicht alle aufklären will (vgl. ebd., S. 32ff.). Wir beziehen uns im Folgenden nur noch auf die zweite Variante.
[15] Für eine Einführung in die kritische Diskursanalyse vgl. z.B. Jäger (2001, S. 215ff.).

in Richtung der Unabänderlichkeit der bestehenden Herrschaftsverhältnisse – verzerrtes Gesamtbild ergeben" (Hauck 1992, S. 115). Ideologiekritik fragt demnach immer auch, wem eine Ideologie nützt bzw. wessen (Vor-)Herrschaft sie legitimieren soll.

Zur Illustration – und Vertiefung – soll hier auf das Beispiel einer ideologiekritischen Auseinandersetzung mit dem von Daniel Goleman (1997; 1999) propagierten Konzept der Emotionalen Intelligenz (EI) eingegangen werden: Der Autor insistiert, es gehe „nicht um eine flüchtige Mode und nicht um das Management-Patentrezept des Augenblicks" (Goleman 1999, S. 11), sondern es handle sich um eine wissenschaftlich fundierte Gestaltungsgrundlage für die (Personal-)Managementpraxis. Es kann jedoch gezeigt werden, dass die „wissenschaftlichen Argumente" (ebd., S. 23) des Autors stark anzuzweifeln sind,[16] um – in ideologiekritischer Absicht – die Behauptung der Wissenschaftlichkeit als eine Taktik zur Vermarktung des Konzeptes zu entschleiern (vgl. hierzu Sieben 2001).

Für eine ideologiekritische Analyse kann es also – wie im angeführten Beispiel – nötig sein zu prüfen, ob bestimmte Aussagen (wie z.B. „Führungserfolg beruht auf EI") theoretisch erklärbar oder empirisch gestützt sind, das heißt, ob sie ‚stimmen'. Ein theoretischer Ansatz kann aber auch dazu dienen, den ideologischen Gehalt bestimmter Aussagen oder Praktiken sichtbar zu machen. So analysieren Krell und Ortlieb (1999) mit Hilfe des Organisationskulturansatzes einige Grundüberzeugungen, die der Diskussion um Fehlzeiten zugrunde liegen, und liefern Hinweise darauf, „welche Botschaften durch Rückkehrgespräche vermittelt werden und welche – auch ungewollten – Wirkungen von ihnen ausgehen können" (ebd., S. 136). Das zuletzt angeführte Beispiel verdeutlicht auch, dass die ‚Entlarvung' oder ‚Entschleierung' von Ideologien nicht gleichzusetzen ist mit der Unterstellung „interessengeleiteten Betrugs" (vgl. dazu auch Schweppenhäuser 1990, S. 55). Das kann zwar der Fall sein, muss es aber nicht.

Zu 7.: Um einleitend den Unterschied zwischen Ideologiekritik und Diskursanalyse zu verdeutlichen, wählen wir das o.g. Beispiel „weibliche Führung". Aus einer ideologiekritischen Perspektive würde man die Aussage „Frauen führen schlech-

---

[16] Für einige Beispiele solch anzuzweifelnder Aussagen vgl. 2.3.2.2.

ter" empirisch gestützt widerlegen oder versuchen zu zeigen, dass bestimmte Verhaltensweisen nicht dem Geschlecht, sondern anderen Faktoren zuzuschreiben sind. Hier ginge es also darum zu belegen, welche Behauptungen ideologiehaltig sind, und z.B. auch, wie Frauen ‚wirklich' führen.

Aus einer *diskursanalytischen* Perspektive ist dagegen die „Frage nach den wahren Geschlechtsunterschieden [...] schlicht falsch gestellt" (Krell 2001b, S. 396). Sie gehen nämlich in einer Diskursanalyse nicht von einem beobachtbaren Sachverhalt aus, sondern Sie richten Ihren Blick aus einer poststrukturalistischen[17] Perspektive darauf, dass *Diskurse ihren Gegenstand* – hier „weibliche Führung" – erst *hervorbringen*: Es geht nicht darum zu erforschen, wodurch sich ein weiblicher Führungsstil auszeichnet oder ob er nun ‚besser' oder ‚schlechter' ist. Vielmehr geht es darum herauszuarbeiten, dass dies in der Literatur je unterschiedlich thematisiert, beforscht und damit auch in je unterschiedlicher Form ‚konstruiert' wird. Genau deshalb geht es nicht um die Entdeckung von „wahren Geschlechtsunterschieden": Erst die Rede und die Erforschung von geschlechtsspezifischen Führungsunterschieden bringen es mit sich, dass solche Unterschiede gesehen, hingenommen und als ‚weiblich' oder ‚männlich' eingeschätzt werden. Und diese Einschätzung hat Folgen, sowohl für das Selbstbild von Führenden als auch für die Managementpraxis (vgl. ebd., S. 396 ff.).

Was wird nun unter einem *Diskurs* verstanden? Hier orientieren wir uns an Michel Foucault, dem „poststrukturalistischen Star der Diskursanalyse" (Angermüller 2001, S. 12; zur Diskursanalyse Foucaults vgl. auch Bublitz u.a. 1999) und an Judith Butler, die Foucaults Gedanken auf die Geschlechterforschung übertragen hat. Mit diesen beiden gehen wir[18] davon aus, dass Diskurse

- Foucault folgend „als Teil eines weiteren Macht- und Praxisfeldes" zu sehen sind (Dreyfus/Rabinow 1994, S. 232),

---

[17] Poststrukturalistische Ansätze gehen wie sozialkonstruktivistische Ansätze davon aus, dass die soziale ‚Wirklichkeit' durch gemeinsames Handeln und Kommunizieren – also auch durch wissenschaftliche Forschung und Lehre – konstruiert wird. Die Idee einer einzigen Wirklichkeit und Wahrheit wird damit entschieden abgelehnt und daher auch die Möglichkeit einer positiven Wissenschaft (vgl. Fn. 34), die die Erkenntnis einer solchen ‚Wirklichkeit' anstrebt. Für eine vertiefende Lektüre zum Themengebiet Personal, Organisation und Poststrukturalismus empfehlen wir Weiskopf (2003).
[18] Die folgende Dreiteilung stammt aus Krell (2003, S. 66).

- „als Praktiken zu behandeln [sind], die systematisch die Gegenstände bilden, von denen sie sprechen" (Foucault 1981, S. 74) – Butler (1997) benutzt in diesem Zusammenhang den Begriff der „Performativität", verstanden als „die ständig wiederholende und zitierende Praxis, durch die der Diskurs die Wirkungen erzeugt, die er benennt" (ebd., S. 22) – und

- „als Produktionen dargestellt werden können, die den Effekt des Natürlichen, des Ursprünglichen und Unvermeidlichen erzeugen" (Butler 1991, S. 9), weshalb wir nur von einer „ihrer selbst bewußten entnaturalisierten Position" aus erkennen können, „wie sich der Anschein des Natürlichen konstituiert" (ebd., S. 164).

Diese Bestimmungen verweisen zugleich auf die ‚Verwandtschaft' von Diskurs und Ideologie, denn in beiden Fällen geht es um die – diskursive – Legitimierung bestimmter Sachverhalte. Nur kann man, wie schon bemerkt, aus einer diskursanalytischen Perspektive keine Aussagen darüber treffen, wie intelligent Schwarze ‚wirklich' sind oder wie (gut) Frauen ‚tatsächlich' führen. Denn anzunehmen, dass die Gegenstände diskursiv hervorgebracht bzw. sozial konstruiert sind, schließt Aussagen darüber, ob diese Produktionen ‚wahr' oder ‚fasch' sind, systematisch aus. Was eine Diskursanalyse jedoch leisten kann – und das hat sie wiederum mit der Ideologiekritik gemeinsam – ist eine Analyse der Machtwirkungen von Diskursen.

In aller Kürze: Sie arbeiten in einer Diskursanalyse heraus, wie über ein bestimmtes Thema gesprochen, geschrieben und/oder geforscht wird und welche Folgen dies für unsere Wahrnehmung und unser Handeln haben kann, welche Macht einem Diskurs innewohnen kann.[19] Als ‚Personalpolitik-nahe' Beispiele dafür verweisen wir auf die letzte in Tabelle 3 aufgeführte Fragestellung, der Laske und Weiskopf (1996) in ihrem Aufsatz „Personalauswahl – Was wird denn da gespielt?" nachgehen, sowie auf die Beiträge von Krell und Weiskopf (2001) und Krell (2003).

Es soll hier noch einmal unterstrichen werden, dass der Titel Ihrer Arbeit alleine nicht unbedingt Auskunft über Ihre Fragestellung gibt, sondern dass Sie diese

---

[19] Vgl. auch 2.3.2.1, wo dies am Beispiel ‚Intelligenz' erläutert wird.

noch einmal gesondert und präzise formulieren müssen. Hierzu ein Beispiel, mit dem wir an die oben skizzierte ideologiekritische Fragestellung zum ‚Erfolgsfaktor emotionale Intelligenz' anknüpfen (vgl. Punkt 6 in Tabelle 3). Diese Fragestellung könnte unter dem Titel „Emotionale Intelligenz – Kritik eines modischen Managementkonzeptes" bearbeitet werden. Unter diesem Titel kann aber ebenso eine Diskursanalyse vorgenommen werden. Es lässt sich nämlich z.b. zeigen, dass mit dem Etikett EI zum einen die komplexe menschliche Gefühlswelt zugeschnitten wird auf eine Menge ‚guter' und instrumentalisierbarer Emotionen und dass es zum anderen Menschen kategorisiert in ‚emotional intelligente' und ‚unintelligente' (vgl. hierzu Krell/Weiskopf 2001, S. 19ff.). Und schließlich wäre im „vorgolemanschen Zeitalter" auch niemand auf die Idee gekommen, sich zu fragen, ob er oder sie „emotional intelligent" (genug) ist, denn dieses Etikett war schlicht nicht verfügbar bzw. nicht in aller Munde (ebd., S. 23). Insofern kann am Beispiel des Diskurses über EI auch noch einmal gezeigt werden, dass der Diskurs seinen Gegenstand hervorbringt.

Abschließend möchten wir Ihnen zeigen, dass ein Thema in der Regel jede Art der oben besprochenen Fragestellungen erlaubt. Dazu haben wir in Tabelle 4 für das Themengebiet Diversity Management die verschiedenen Arten von Fragestellungen noch einmal durchdekliniert.

Typen von Fragestellungen	Beispiele „Ziel dieser Arbeit ist, …
1. Beschreibung	… herauszuarbeiten, wie stark das Thema Diversity Management in den deutschsprachigen Personal- bzw. Managementlehrbüchern und Lehrprogrammen verbreitet ist."
2. Bewertung	… aufzuzeigen, wie die Argumente für Diversity Management aus Sicht der Transaktionskostentheorie zu bewerten sind."
3. Gestaltung	… ausgerichtet an der Multikulturellen Organisation als Leitbild des Human Resource Management Gestaltungsempfehlungen für die verschiedenen Handlungsfelder zu entwickeln."
4. Erklärung	… gestützt auf Ansätze und Ergebnisse der Kommunikationsforschung einen Erklärungsbeitrag dazu zu liefern, wie Missverständnisse und Konflikte bei der Arbeit in diversen Teams entstehen können."

Tabelle 4: Beispiele für verschiedene Fragestellungen aus dem Themengebiet Diversity Management (wird fortgesetzt)

Typen von Fragestellungen	Beispiele „Ziel dieser Arbeit ist, …
5. Mehrperspektiven-analyse	… aus der Perspektive unterschiedlicher theoretischer Ansätze den Umgang mit personeller Vielfalt zu betrachten, und zwar im Hinblick auf mögliche Ursachen von Diskriminierung und Gestaltungsempfehlungen zu deren Vermeidung."
6. Ideologiekritik	… das Win-Win-Versprechen von Diversity Management zu hinterfragen, indem anhand der Denkfigur der personalpolitischen Arena Interessen und Ressourcen zentraler Akteure bei der Einführung von Diversity Management analysiert werden."
7. Diskursanalyse	… deutschsprachige Praxistexte zu Diversity Management einer Diskursanalyse zu unterziehen: Wie wird personelle Vielfalt und deren Managebarkeit gerahmt und konstruiert; welche Konsequenzen hat dies für ManagerInnen und Gemanagete?"

Tabelle 4: Beispiele für verschiedene Fragestellungen aus dem Themengebiet Diversity Management (fortgesetzt)

2.1.2 Geeignete Methoden wählen

2.1.2.1 Reine „Literatur-Arbeit" oder auch „empirische Arbeit"?

Zwei Dinge vorab. *Erstens*: Wie Sie wissen, führen viele Wege nach Rom. Fast ebenso viele Möglichkeiten gibt es für die Bearbeitung Ihrer Fragestellung. Welcher Weg der für Sie am besten geeignete ist, hängt zum einen von der Art Ihrer Fragestellung ab[20] und zum anderen von Ihren Ressourcen – vor allem von Ihren Kenntnissen und Fähigkeiten und Ihren Zugangsmöglichkeiten zu empirischem Datenmaterial. *Zweitens*: Der Weg zur Bearbeitung Ihrer Fragestellung besteht oft nicht nur aus einer einzelnen Methode, sondern es handelt sich häufig um eine spezielle Kombination mehrerer verschiedener Methoden.

Zu Beginn Ihrer Arbeit müssen Sie stets eine wichtige grundlegende Entscheidung treffen: Ob Sie sich ausschließlich auf „Literatur" stützen wollen, oder ob Sie auch mit Methoden der empirischen Sozialforschung im engeren Sinne arbeiten wollen. Mit „empirischer Sozialforschung im engeren Sinne" meinen wir hier,

---

[20] Sie müssen daher bereits bei der Wahl Ihrer Fragestellung die verwendbaren Methoden im Hinterkopf mit-denken; bei starker Vorliebe für eine bestimmte Methode können Sie auch umgekehrt vorgehen, also zuerst die Methode festlegen und dann Ihre Fragestellung auf die Methode abstimmen.

dass Sie quantitative oder qualitative empirische Daten selbst auswerten und dabei wissenschaftliche Methoden der empirischen (Sozial- bzw. Personal-)Forschung verwenden. Wir sprechen – stark vereinfachend – in diesem Fall auch von „empirischen Arbeiten", andernfalls von „Literatur-Arbeiten".[21]

Wir wollen in diesem Leitfaden nicht ausführlich auf Methoden der empirischen Forschung eingehen. Stattdessen geben wir Ihnen unter 2.1.2.2 ausgewählte Literaturhinweise und unter 2.1.2.3 einige weiterführende generelle Hinweise. Diese Informationen sollen Ihnen nicht nur dann helfen, wenn Sie sich bereits für eine „empirische Arbeit" entschieden haben, sondern sie sollen Sie auch bereits beim Treffen dieser Entscheidung unterstützen.

2.1.2.2 Literaturhinweise zu Methoden der empirischen Sozialforschung

In Abbildung 2 haben wir einige Veröffentlichungen zu Methoden der empirischen Sozialforschung zusammengestellt und kommentiert.

Wenn Sie sich dafür entscheiden, eigene empirische Forschung durchzuführen, sollten Sie diese Veröffentlichungen unbedingt zu Rate ziehen. Aber auch, wenn Sie im Rahmen einer „Literaturarbeit" bereits vorhandene empirische Studien diskutieren, finden Sie hier wertvolle Informationen zum besseren Verständnis der jeweils verwendeten Methoden.

Nienhüser, Werner/Becker, Christina (2000): Betriebliche Personalforschung. Eine problemorientierte Einführung (Skripte der Werkstatt für Organisations- und Personalforschung, Skript Nr. 1), Berlin: o. Verlag.
Sehr gut für den Einstieg geeignet, Beispiele mit Bezug zu Personal-Themen.

Bortz, Jürgen/Döring, Nicole (2002): Forschungsmethoden und Evaluation für Human- und Sozialwissenschaftler, 3. überarb. Aufl., Berlin u.a.: Springer.
Etwas detaillierter als Nienhüser/Becker (2000); Herkunft aus der psychologischen Forschung.

Abbildung 2: Ausgewählte Literaturhinweise zu Methoden der empirischen Sozialforschung (wird fortgesetzt)

---

[21] Stark vereinfachend ist dies u.a. deshalb, weil auch publizierte Texte jeglicher Art (also „Literatur") grundsätzlich als empirisches Datenmaterial aufgefasst werden bzw. als solches dienen können – es kommt eben darauf an, was Sie mit diesen Texten tun.

Diekmann, Andreas (2001): Empirische Sozialforschung. Grundlagen, Methoden, Anwendungen, 7. durchges. Aufl., Reinbek bei Hamburg: Rowohlt.

Besonders empfehlenswert sind hier die Abschnitte über die Analyse von Zusammenhängen mit Hilfe von verhältnismäßig einfachen Tabellen – es werden Möglichkeiten aufgezeigt, wie auch ohne spezielle Software oder ausgeprägte Statistik-Kenntnisse aussagekräftige quantitative Analysen durchgeführt werden können. Die Beispiele stammen vorwiegend aus der soziologischen Forschung und regen zu eigener empirischer Forschung an.

Flick, Uwe (Hg.) (1995): Handbuch qualitative Sozialforschung, 2. Aufl., Weinheim: Beltz.

In diesem Herausgeberband sind eine Vielzahl qualitativer Studien versammelt, die als Vorbild dienen können und ebenfalls zu eigener empirischer Forschung anregen.

Matiaske, Wenzel (1996): Statistische Datenanalyse mit Mikrocomputern. Einführung in P-STAT und SPSS/PC, 2. überarb. Aufl., München/Wien: Oldenbourg.

Sehr hilfreich für quantitative Studien; vor allem für Fragen der Kodierung und statistischer Analyseverfahren für EinsteigerInnen unverzichtbar.

Abbildung 2: Ausgewählte Literaturhinweise zu Methoden der empirischen Sozialforschung (fortgesetzt)

2.1.2.3 Weiterführende Hinweise zu „empirischen Arbeiten"

Wenn Sie sich grundsätzlich dafür entschieden haben, eine „empirische Arbeit" zu schreiben, müssen Sie eine Vielzahl weiterer Entscheidungen treffen, die Sie stets sorgfältig durchdenken und mit Ihrer Betreuerin oder Ihrem Betreuer absprechen sollten. Dazu gehören insbesondere der Umfang bzw. das grobe Design Ihrer Studie, die Auswahl Ihrer Stichprobe sowie die Auswahl der eingesetzten Instrumente. Während die Auswahl Ihrer Stichprobe und der Instrumente stets im Einzelfall zu diskutieren ist, gibt es für das grobe Design Ihrer Studie eine generelle Richtschnur in Form von vier verschiedenen Designtypen. Sie können entweder:

- ein bereits ausgearbeitetes Instrument zur Datenerhebung – evtl. leicht modifiziert – einsetzen (z.B. einen Fragebogen zur Messung der Arbeitszufriedenheit oder ein Beobachtungs-Kategoriensystem zur Messung von Belastungen bei Dienstleistungsarbeit) und die so erhobenen Daten auswerten, oder

- ein eigenes Instrument zur Datenerhebung entwickeln und dieses Instrument im Rahmen eines Pretests prüfen; dabei wählen Sie lediglich eine kleinere Stichprobe aus, und Ihre Ergebnisse sowie Ergebnisinterpretationen beziehen sich vorwiegend auf das Instrument selbst und nicht auf den damit zu erforschenden Gegenstand, oder

- Daten analysieren, die bereits erhoben und archiviert wurden (z.b. Daten des Sozio-ökonomischen Panels[22] oder aus dem Kölner Zentralarchiv[23]), oder

- eine Fallstudie durchführen (z.b. zu Erfahrungen, die in einem Unternehmen mit E-Recruiting gemacht wurden). Wichtig ist hier insbesondere, dass Sie den Stellenwert der Fallstudie für die gesamte Arbeit klären: Soll es sich lediglich um ein illustrierendes Beispiel für Aussagen handeln, die Sie selbst (literaturgestützt) entwickelt haben, oder analysieren Sie den Fall tatsächlich eingehend? Übrigens können Sie auch mehrere Fälle analysieren, z.b. zu Erfahrungen, die in verschiedenen Unternehmen mit E-Recruiting gemacht wurden.

Wie bereits gesagt, sollten Sie Ihre Vorgehensweise gut mit Ihrer Betreuerin oder Ihrem Betreuer absprechen. Vor allem dürfen Sie kein Instrument zur Datenerhebung (und dazu gehört auch ein Gesprächsleitfaden für ein Interview!) verwenden, ohne dass dieses von Ihrer Betreuerin oder Ihrem Betreuer geprüft und ,abgesegnet' worden ist.

Hier noch einige weitere wichtige Hinweise:

- Falls Sie eine „empirische" *Studienabschlussarbeit* planen, sollten Sie diese nicht anmelden, bevor Sie nicht die Verfügbarkeit der notwendigen Ressourcen geklärt haben. Dies betrifft insbesondere den Feldzugang, also den Zugang zu empirischem Datenmaterial.

- Denken Sie daran – vor allem bei quantitativen Studien – dass Sie die Daten, die Sie z.B. mit Hilfe eines Fragebogens erheben wollen, hinterher auch auswerten müssen. Dabei stellen sich grundsätzliche Fragen nach einer geeigneten Software (z.B. Excel, SPSS), nach der Kodierung der Daten sowie nach geeigneten statistischen Analyseverfahren. – Zur Klärung dieser Fragen empfehlen wir besonders das Lehrbuch von Matiaske (1996).

- Konzentrieren Sie sich bei der Darstellung der empirischen Ergebnisse und deren Interpretation auf das Wesentliche: Da bei Diplomarbeiten in der Regel der Stichprobenumfang gering ist, empfiehlt es sich, bei der Darstellung der

---

[22] Informationen zum Sozio-ökonomischen Panel finden Sie unter der URL http://www.diw.de.
[23] Informationen zum Kölner Zentralarchiv und den verfügbaren Datensätzen finden Sie unter der URL http://www.gesis.org/ZA/index.htm.

Stichprobencharakteristika auf farbige, auch auf mehrdimensionale Kreis-, Balken- oder Säulendiagramme weitgehend zu verzichten (z.b. für die Zusammensetzung der Stichprobe nach dem Geschlecht, dem Alter etc.). Achten Sie auch generell auf Übersichtlichkeit und Nachvollziehbarkeit Ihrer Ergebnisdarstellungen. Anregungen für aussagekräftige Tabellen, Grafiken und Kennzahlen finden Sie in der angegebenen Literatur.

- Reflektieren Sie Ihre Vorgehensweise sowohl im Rahmen Ihrer Ergebnisinterpretationen als auch im Rahmen des Schlusskapitels Ihrer Arbeit.

- Sie müssen Ihrer Betreuerin oder Ihrem Betreuer Zugang zu Ihren Daten gewähren. Sprechen Sie die Details rechtzeitig ab.

Und schließlich: Auch „empirische Arbeiten" kommen nicht ohne einen Grundlagenteil aus, der auf Literatur sowohl zum jeweiligen Thema als auch zu den Methoden der empirischen Sozialforschung gestützt ist. Daher sollten Sie auf jeden Fall die folgenden Abschnitte gründlich durcharbeiten, auch wenn diese Ihnen zunächst möglicherweise so vorkommen, als seien sie ausdrücklich für reine „Literatur-Arbeiten" relevant.

2.1.3 Die Fragestellung bzw. Zielsetzung als roter Faden

Wenn Sie nun Ihre Fragestellung bzw. Zielsetzung und Ihre Methode festgelegt haben, ist es wichtig, dass Sie diese beständig im Auge behalten. Das heißt, dass Sie sich bei jedem einzelnen Schritt – bei der Literatursuche, der Gliederung, dem Schreiben eines Abschnittes, ja eines Satzes – fragen müssen: „Brauche ich diesen Text/dieses Kapitel/diese Aussage/diese Daten wirklich, um meine Argumentation zu entwickeln und die Fragestellung zu bearbeiten?" Bei der ersten Auswahl von Texten weiß man das noch nicht unbedingt, aber spätestens beim Schreiben sollten Sie diese Frage mit einem eindeutigen „Ja" beantworten können. Was Sie nicht tun sollten, ist, einfach beliebig zu sammeln und aufzuschreiben, was z.B. zum Thema Krankenstand in Büchern und Aufsätzen steht.[24] Vielmehr müssen

---

[24] Dies gilt insbesondere dann, wenn Ihre Arbeit eine Fallstudie (oder ein Fallbeispiel) enthält: Dies(e) muss unbedingt sehr eng auf den übrigen Text bezogen sein und damit zielführend. Vermeiden Sie Ausschweifungen!

Sie alles, was Sie lesen, auf Ihre Fragestellung hin analysieren und herausziehen, was zu deren Beantwortung beiträgt – und nur das!

Wenn Sie im Laufe Ihres Arbeitsprozesses feststellen, dass Sie Aspekte des Themas ausblenden, die Ihnen wesentlich erscheinen, so könnte das ein Anlass sein, Ihre Fragestellung so zu verändern oder zu erweitern, dass Sie diese Aspekte berücksichtigen können. Im Prinzip und idealerweise sollte eine solche Entscheidung zu Beginn des Arbeitsprozesses getroffen werden. In Einzelfällen kann es allerdings auch später sinnvoll oder sogar notwendig sein, Änderungen vorzunehmen. Solche Veränderungen sollten Sie aber unbedingt mit Ihrer Betreuerin oder Ihrem Betreuer abstimmen. Eine andere Möglichkeit, durch die Fragestellung ausgeblendete Aspekte aufzunehmen, ist, diese im Schlussteil Ihrer Arbeit im Sinne eines „Was auch noch wichtig ist" anzumerken (vgl. 2.2.2).

2.2 Vom Arbeitsvorhaben zur Struktur der fertigen Arbeit

Wie geht das, die Fragestellung immer konsequent im Auge zu behalten? Wenn Sie sich einen ersten Literaturüberblick verschafft haben, dann sollten Sie zunächst Ordnung in Ihre Gedankensammlung bringen. Dabei helfen Ihnen eine Gliederung und eventuell auch das Formulieren einer vorläufigen Einleitung. Bei der Studienabschlussarbeit hat das (evtl. überarbeitete) Exposé (vgl. 3.2) u.a. diese Funktion.

2.2.1 Die Gliederung als Arbeitshilfe

Die fertige Arbeit besitzt ein Inhaltsverzeichnis. Dieses gibt die Gliederung Ihrer Arbeit wieder und in ihm spiegelt sich bereits, ob Sie Ihre Fragestellung konsequent verfolgt haben. Die einzelnen Überschriften geben nämlich – wenn sie präzise formuliert sind – einen Überblick über die zu erwartenden Ausführungen. Daraus folgt, dass Sie die Überschriften sorgfältig formulieren müssen, so dass die richtigen Erwartungen geweckt werden. Das Inhaltsverzeichnis steht aber erst am Ende des Arbeitsprozesses. Wie es entsteht und welche Grundstruktur sich dahinter verbirgt, darum geht es in diesem und im nächsten Abschnitt.

Zunächst sollten Sie mit einer vorläufigen Gliederung beginnen, die Ihnen hilft, den Text gedanklich vorzustrukturieren. In ihr halten Sie fest, wie sich Ihre Argumentation entwickeln und verzweigen soll. Zu beachten ist dabei, dass eine Gliederungsebene nie nur aus einem Punkt bestehen darf: Eine ‚Verzweigung' liegt erst dann vor, wenn sich ein Gedankengang in zwei oder mehr ‚Äste' aufspaltet. Wenn Sie also einen Gliederungspunkt 2.1 einrichten, so muss auch 2.2 vorhanden sein.

Sie können in Ihrer ersten Grobgliederung ruhig sehr viel tiefer untergliedern, also mehr Gliederungsebenen einrichten, als Sie später in die fertige Arbeit übernehmen – dort sollten es in der Regel nicht mehr als drei oder vier Ebenen sein. Was Sie z.B. unter 3.1.1.1 bis 3.1.1.4 notieren, kann Ihnen später als Stichwortsammlung für das Unterkapitel 3.1.1 dienen. Der Leitfaden, den Sie im Moment lesen, ist deutlich stärker untergliedert. Damit kann er in diesem Punkt zwar nicht als Vorbild dienen, es erleichtert aber seine Verwendung als Nachschlagewerk.

Hilfreich kann auch sein, anhand der Gliederung bereits den Seitenumfang der einzelnen (Unter-)Kapitel zu planen. Damit haben Sie eine Vorgabe beim Ausformulieren und schützen sich davor, zu viel zu schreiben bzw. Ihre Schwerpunkte zu verlagern.

Und noch einmal zum sorgfältigen Ausformulieren der Überschriften: Dies gilt noch nicht so sehr für Ihre erste Arbeitsgliederung; aber spätestens, wenn Sie die Unterpunkte mit Text gefüllt haben, sollten Sie noch einmal überprüfen, ob die Überschrift auch wirklich zu dem passt, was Sie geschrieben haben. Wenn nicht, so kann das zweierlei bedeuten: Entweder haben Sie sich beim Ausformulieren von Ihrem eigentlichen Vorhaben – also der Fragestellung – entfernt. Wenn dem so ist, müssen Sie Ihre Argumentation noch einmal überdenken und entsprechend überarbeiten. Wenn dem nicht so ist, wenn Sie Ihren Argumentationsgang eingehalten haben, sollten Sie die entsprechende Überschrift noch einmal genauer formulieren, so dass sie auch tatsächlich auf den Inhalt dieses Abschnittes schließen lässt. Auch in dieser Hinsicht ist die Gliederung also ein Hilfsmittel, um die Fragestellung im Auge zu behalten.

2.2.2 Bestandteile und Form der Gliederung

Wie wird nun eine Arbeit gegliedert? In der Grundstruktur besteht jede Arbeit aus einer Einleitung, einem Hauptteil und einem Schluss.

In der *Einleitung* sind zum einen die Herleitung und genaue Angabe der Fragestellung vorzunehmen und zum anderen der Aufbau und die Vorgehensweise zu beschreiben.

- Herleitung heißt: Wie komme ich überhaupt auf diese Fragestellung, warum ist sie wichtig? Häufig finden sich Formulierungen wie „Im Zeitalter der Globalisierung wird XY immer wichtiger". Man darf jedoch ruhig etwas erfinderischer und auch etwas konkreter sein.

- Aufbau und Vorgehensweise beschreiben heißt, dass Sie im Prinzip Ihre Gliederung bzw. den Gedankengang, der sich darin verbirgt, erläutern und auch angeben, auf welche Art von Material Sie sich stützen. Dies ist besonders wichtig bei eigenen empirischen Erhebungen – sei es, dass Sie Informationen aus dem Internet auswerten, dass Sie Befragungen durchgeführt haben o.Ä.[25]

In der Einleitung bringen Sie also auf den Punkt, wo Sie hinwollen und auf welchem Weg Sie sich dahin begeben wollen. Von daher kann die Einleitung Ihnen ebenso wie die Gliederung als Arbeitsplan dienen, d.h. es kann hilfreich sein, eine vorläufige Einleitung bereits zu Beginn zu formulieren. Ebenso wie eine vorläufige Gliederung kann sie Ihnen helfen, nicht vom geplanten Weg abzukommen bzw., wenn Sie den ursprünglich geplanten Weg ändern wollen oder müssen, auch dies anhand einer Veränderung der Formulierung genau zu überdenken.

Der *Hauptteil* sollte bei einer Seminar- oder Abschlussarbeit aus etwa zwei bis fünf Kapiteln mit jeweiligen Unterkapiteln bestehen. In der Abfolge dieser Kapitel (und ihren Überschriften) sollte sich die Fragestellung widerspiegeln.[26] Ein

---

[25] Allerdings nur kurz! Insbesondere bei eigener empirischer Forschung, aber auch bei einem Großteil anderer Arbeiten sollten Details der Vorgehensweise im Hauptteil beschrieben werden. Sprechen Sie dies mit Ihrer Betreuerin oder Ihrem Betreuer ab.
[26] Eine Hausarbeit hat ungefähr 8 Seiten, daher genügen hier eine Einleitung, ein Hauptteil und der Schluss. Die Überschrift des Hauptteiles ergibt sich dabei aus der vorgegebenen Fragestellung. Nebenbei bemerkt: Als Hauptteil einer Arbeit gilt alles zwischen Einleitung und Schluss; er wird jedoch *in keinem Fall* als „Hauptteil" betitelt.

relativ häufiger Fall, vor allem bei Seminararbeiten, ist, dass Sie zwei Themenblöcke aufeinander beziehen sollen – so bei der Fragestellung „Welche Konsequenzen haben die Charakteristika von Dienstleistungsarbeit für die Personalentwicklung?". Hier würde sich eine Dreiteilung anbieten: Jeweils ein beschreibendes Kapitel zu den Charakteristika von Dienstleistungsarbeit und zur Personalentwicklung und ein Analysekapitel, in dem Sie beides zusammenführen. Auch könnte sich ein weiteres Kapitel anschließen, in dem Sie z.B. ein konkretes Trainingsprogramm darstellen und kritisch würdigen.

In den beschreibenden Kapiteln beschränken Sie sich bereits auf diejenigen Aspekte, die für Ihre Analyse zielführend sind. Am Beispiel der genannten Fragestellung wären dies in Bezug auf Dienstleistungsarbeit besondere Merkmale, die für die Entwicklung von Dienstleistenden interessant sind – wie z.B. die emotionale Komponente von Dienstleistungsarbeit oder die Interaktion mit den ‚Bedienten' (für weitere vgl. Krell 2001a), weniger jedoch das gesellschaftliche Ansehen von Dienstleistungsarbeit. In Bezug auf die Personalentwicklung wären dies z.B. Aus- und Weiterbildung und weniger die Karriereplanung. Anhand der jeweils ausgewählten Aspekte nehmen Sie die weitere Untergliederung dieser Kapitel vor. Eine daran angelehnte Untergliederung sollte sich dann auch im Analysekapitel wiederfinden. Beispielhaft können Sie dies anhand von Abbildung 3 nachvollziehen.

Für den Fall, dass Sie eine „empirische Arbeit" schreiben: Diese erfordert (zumindest z.T., vgl. dazu Abschnitt 2.1.2) andere Arbeitsschritte als eine „Literaturarbeit", die sich auch in der Gliederung niederschlagen. Eine hilfreiche Gliederungsvorlage finden Sie z.B. bei Bortz und Döring (2002, S. 90ff.). Außerdem können Sie sich hierfür an publizierten empirischen Studien orientieren, die Sie z.B. in den fachwissenschaftlichen Zeitschriften finden, die in Tabelle 1, Abschnitt 1.1 dieses Leitfadens aufgelistet sind.

Der *Schlussteil* heißt oft „Fazit", aber auch „Zusammenfassung", „Ausblick" o.ä., je nachdem, was dort im Vordergrund steht. Er soll die Arbeit abschließen, abrunden; das heißt, Sie benennen noch einmal kurz und knapp, was Sie wie getan haben und zu welchen Ergebnissen Sie gekommen sind. Sie können eigene Anmerkungen hinzufügen oder offene Fragen benennen oder auch eine Kombination dieser Varianten vornehmen.

Abbildung 3 gibt ein Beispiel für die Gliederung einer Seminararbeit mit der Fragestellung „Welche Konsequenzen haben die Charakteristika von Dienstleistungsarbeit für die Personalentwicklung?".

Thema: Personalentwicklung in Dienstleistungsorganisationen

1 Einleitung
2 Charakteristika von Dienstleistungsarbeit
  2.1 Emotionale, geistige und körperliche Komponenten
  2.2 Interaktionen mit und zwischen verschiedenen Personen
  2.3 Arbeit an der Grenze von Organisationen
3 Personalentwicklung
  3.1 Ausbildung
    3.1.1 Ziele
    3.1.2 AkteurInnen
    3.1.3 Inhalte
    3.1.4 Methoden
  3.2 Weiterbildung
    3.2.1 Ziele
    3.2.2 AkteurInnen
    3.2.3 Inhalte
    3.2.4 Methoden
4 Konsequenzen der Charakteristika von Dienstleistungsarbeit für die Personalentwicklung
  4.1 Ausbildung
    4.1.1 Inhalte
    4.1.2 Methoden
  4.2 Weiterbildung
    4.2.1 Inhalte
    4.2.2 Methoden
5 Fazit

Abbildung 3: Beispielhafte Gliederung einer Seminararbeit

Im Inhaltsverzeichnis der entsprechenden Arbeit wären rechtsbündig die jeweiligen Seitenzahlen zu vermerken.[27] Auch würde dort nach „5 Fazit" noch „Literatur" folgen; ohne Nummerierung, aber ebenso mit der Seitenzahl, auf der das Literaturverzeichnis beginnt. Wenn Sie Ihrer Arbeit einen Anhang beifügen, so ver-

---

[27] Und zwar *nur* die jeweiligen Seitenzahlen, also z.B. „25" und nicht „S. 25".

merken Sie auch dies im Inhaltsverzeichnis (vgl. als Beispiel S. ii dieses Leitfadens).

Die Gliederungsebenen wie in Abbildung 3 durch Einrücken kenntlich zu machen, ist nicht notwendig; es erhöht jedoch die Übersichtlichkeit. Bei der Nummerierung können Sie auch schließende Punkte setzen (z.B. „1.", „3.1."); wichtig ist – wie in Bezug auf alle Formalien – sich für eine Gliederungsart zu entscheiden und diese durchgängig zu verwenden, und dies sowohl im Inhaltsverzeichnis als auch im Text.

In der fertigen Arbeit sollte nach Überschriften, die sich als Gliederungspunkte weiter verzweigen – wie 3 oder 4.2 im Beispiel der Abbildung 3 – kein oder nur wenig Text folgen, in der Regel nicht mehr als eine halbe Seite. Dies kann z.B. eine kurze Überleitung sein oder eine kurze Erläuterung, warum Sie einen bestimmten Gesichtspunkt (wie z.B. oben unter 3 die Karriereplanung) ausklammern. Wenn es Ihnen für Ihren Gedankengang wichtig erscheint, hier mehr zu schreiben, so können Sie einen zusätzlichen Gliederungspunkt „3.1 Vorbemerkungen" einfügen. Bevor Sie dies tun, prüfen Sie jedoch, ob sich a) die Passage nicht doch abkürzen ließe oder b) ob sie wichtige Aussagen enthält, die eine eigene, aussagekräftigere Überschrift verdient hätten.

Wie aber kommen Sie überhaupt zu wichtigen Aussagen? Damit beschäftigen wir uns im nächsten Abschnitt.

2.3 Der Weg zu den eigenen Aussagen

In Ihrem Arbeitsplan haben Sie sich bereits anhand der gesichteten Literatur einen Gedankengang zurechtgelegt. Der Gedankengang muss nun mit Hilfe des gesichteten Materials inhaltlich gefüllt werden. Denn eine wissenschaftliche Arbeit ist nicht eine strukturierte Sammlung eigener Gedanken – wie z.B. ein Essay oder eine Erörterung –, sondern sie besteht aus einem Argumentationsgang, der sich auf theoretische Ansätze, Modelle, Konstrukte oder Forschungsergebnisse stützt bzw. diese diskutiert. Sie geben nicht (nur) Ihre Meinung über ein Thema wieder, sondern Sie treffen Aussagen, die Sie durch – geeignete (vgl. dazu 2.4) – Quellen abgesichert haben. Das heißt nicht, dass Sie nicht auch Stellung beziehen, aber Sie tun dies immer argumentativ, mit Belegen und ggf. mit einer Diskussion von Gegenargumenten.

Anders gewendet: Sie suchen in dem Material, das Sie gesammelt haben, und in dem, das Sie im weiteren Arbeitsprozess noch ausfindig machen, nach Aussagen bzw. Ergebnissen, auf die Sie sich in Ihrer Argumentation beziehen können.

2.3.1 Das Textmaterial auswerten

Zunächst werden Sie damit beginnen, die Texte selbst zu bearbeiten, d.h. Wichtiges anzustreichen und Notizen an den Rand zu schreiben. Dies können Sie jedoch nur in eigenen Büchern oder kopierten Texten tun, und auch diese Texte werden sehr bald eine übersichtliche Anzahl überschreiten. Von daher ist es wichtig, dass Sie für sich persönlich eine Arbeitsform finden, in der Sie strukturiert und wieder auffindbar Gedanken – und ihre Herkunft – sammeln.

Die für Sie geeignete Arbeitsform ist z.B. abhängig davon, ob Sie lieber per Hand oder gleich in den Computer schreiben, ob Sie Papier vor sich brauchen oder gerne am Monitor arbeiten. In jedem Fall – ob in einem Karteikasten, in einem Aktenordner oder einem Ordner „Hausarbeit" im Computer – ist es empfehlenswert, die Informationen in zusammengefasster Form direkt den entsprechenden Abschnitten zuzuordnen. Das ist natürlich relativ schwierig, wenn man noch nicht genau weiß, ob die vorläufige Gliederung bestehen bleibt. Von daher ist es sinnvoll, die Textstellen unter entsprechenden Schlagwörtern und nicht unter Abschnittnummerierungen abzulegen.

Am Computer ist zu empfehlen, verschiedene Dateien anzulegen, die Sie erst am Ende zusammenfügen. Und aus leidvoller eigener Erfahrung mit Computer-Abstürzen: Speichern Sie alles oft und auch doppelt – auf der Festplatte und auf Diskette – und drucken Sie das Geschriebene hin und wieder aus. Nichts ist arbeitsaufwendiger und ärgerlicher, als bereits Geschriebenes aus dem Gedächtnis rekonstruieren zu müssen. Auch wenn der Computer als Arbeitsmittel so selbstverständlich erscheint: Es ist sehr sinnvoll, sich bei der Erstellung von längeren

Texten mit der benutzten Textverarbeitungssoftware auseinander zu setzen.[28] Dies gilt vor allem dann, wenn Sie bisher noch nicht z.b. mit Formatvorlagen, Zentraldokument, Fußnoten, Verzeichnissen oder Formeleditor gearbeitet haben. So ist z.b. die nachträgliche Bearbeitung eines großen Textes mit Hilfe von Formatvorlagen deutlich zeitaufwändiger, als sich vorab damit zu beschäftigen. Außerdem kann dies nur nützlich für Sie sein, da Textverarbeitung auf diesem Niveau bei fast allen Stellen, die Sie nach dem Studieren antreten, vorausgesetzt wird.

Neben der strukturierten Ablage von Textstellen und Zusammenfassungen ist es ebenso wichtig, deren Herkunft zu notieren. Um sich eine mühevolle Suche im Nachhinein zu ersparen (bei der Sie dann zu allem Überfluss feststellen, dass Sie gerade dieses Buch schon längst wieder abgegeben haben), fügen Sie bei jeder Passage, die Sie zusammenfassen oder zitieren, die genaue Quelle mit Seitenangabe hinzu. Und machen Sie kenntlich, *ob* Sie in eigenen Worten zusammengefasst oder wörtlich zitiert haben, denn das müssen Sie in der fertigen Arbeit auch tun. Fremde Formulierungen für die eigenen auszugeben, gehört zu den schlimmsten Faux-pas, die Sie begehen können (dazu mehr unter 2.4).

Gerade wenn Sie der ersten Empfehlung folgen, jede Notiz dem entsprechenden Abschnitt ihrer Arbeit zuzuordnen, empfiehlt es sich, auch gleich zu Beginn – im Karteikasten oder im Computer, je nach Ihrer bevorzugten Arbeitsweise – jeden eingesehenen Text mit allen für das Literaturverzeichnis nötigen Angaben (vgl. 2.4.3) alphabetisch zu erfassen und jede neu hinzukommende Quelle dort einzufügen. So sparen Sie in mehrfacher Hinsicht Zeit und Arbeit: Zunächst einmal reicht für die exzerpierten[29] Textstellen ein Kurzverweis mit Seitenangabe aus. Wenn Sie sofort mit dem Computer arbeiten, so haben Sie zudem das Literaturverzeichnis bereits erstellt und müssen es nur in der Endkorrektur noch einmal überprüfen und Titel streichen, auf die Sie in Ihrer Endfassung nicht verweisen. Und schließlich bemerken Sie auch gleich, wenn Sie von einem Autor oder einer Autorin zwei Quellen aus demselben Jahr verwenden. Um spätere Verwechslun-

---

[28] Ein weit verbreitetes Textverarbeitungsprogramm ist Word von Microsoft. Hier kann das im Internet frei verfügbare Werk: „Hilfe, mein Word schmiert ab – alias: die 15 Gebote, wenn Word spinnt", häufig weiterhelfen, es umfasst zurzeit über 700 Seiten und wird ständig ergänzt (http://mypage.bluewin.ch/reprobst/WordFAQ/IPF.htm).
[29] Exzerpt: (zusammenfassender) Auszug aus einem Text oder auch Kurzzusammenfassung eines ganzen Textes.

gen zu vermeiden, können Sie diese in Ihrem Text sofort als zwei unterschiedliche Quellen kennzeichnen.

Dies waren ‚technische' Empfehlungen zur Materialauswertung; ein weiterer – und äußerst wichtiger – Gesichtspunkt greift in den nächsten Abschnitt über: Sie sollten nicht alles glauben, was geschrieben steht!

2.3.2 Mit fremden und eigenen Aussagen kritisch umgehen

Ziel jeder Arbeit ist es, die ihr zugrunde liegende Fragestellung zu beantworten. Und es kommt wie gesagt darauf an, eine eigene Argumentation zu entwickeln, in der Sie sich auf eigene oder fremde Forschungsergebnisse beziehen. Sie geben also fremde Aussagen wieder, entweder, weil diese Ihre Gedanken bestätigen, oder manchmal auch, weil Sie diese widerlegen wollen, und Sie treffen – mit Hilfe der fremden Aussagen – eigene Aussagen. Dabei können Sie nicht vorsichtig genug sein, und Sie müssen sich immer wieder fragen: *1. Stimmt das, was ich hier lese? 2. Stimmt das, was ich selber schreibe?* Aber nicht immer (sogar eher selten) geht es um eine Frage nach „wahr" oder „falsch", sondern auch nach „plausibel", „nachvollziehbar", nach den Implikationen[30] oder Grenzen einer Aussage.

2.3.2.1 Ebenen und Perspektiven von Aussagen

Zunächst: Für alle Typen von Aussagen gilt, dass Sie klar trennen müssen zwischen *Konstruktebene* und *empirischer Ebene* oder auch Theorien, Konzepten, Begriffen – wie z.B. Transaktionskosten, Motivation, Emotion(sarbeit) oder Führungsstil – und dem um uns herum Beobachtbaren. Gestützt auf Abbildung 4 soll dies soll im Folgenden am Beispiel „Intelligenz" verdeutlicht werden.

---

[30] Mit Implikationen sind die nicht expliziten Bedeutungen einer Aussage gemeint: Annahmen, die ihr zugrunde liegen, oder Konsequenzen, die sich daraus ergeben.

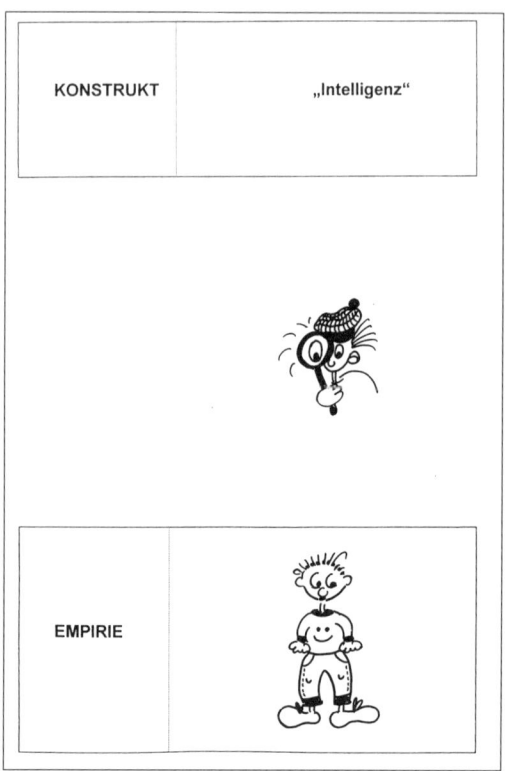

KONSTRUKT	„Intelligenz"	
EMPIRIE		

Abbildung 4: Ebenen und Perspektiven von Aussagen[31]

Wenn wir Aussagen über Menschen (oder das, was sie tun oder können) treffen wollen, nehmen wir – sowohl im alltäglichen Umgang als auch in der wissenschaftlichen Forschung – eine beobachtende Position ein. Dies ist in Abbildung 4 symbolisiert durch die mit einer Lupe ausgestattete Figur; nennen wir sie Sherlock. Wir beobachten die empirisch um uns herumlaufenden Menschen, und aus irgendwelchen Gründen schreiben wir ihnen (mangelnde) Intelligenz zu: im alltäglichen Umgang, weil sie etwas „Schlaues" oder „Dummes" sagen, aus der Sicht der psychometrischen Intelligenzforschung, weil sie im Vergleich zu anderen ihrer Altersgruppe herausragende Testleistungen erbringen, also in beiden Fällen aufgrund irgendwelcher wahrnehmbarer Verhaltensweisen. Intelligenz

---

[31] Für diese Zeichnung danken wir Birgit Schreiber.

selbst aber kann niemand sehen: Sie gilt als Konstrukt, weil sie selbst nicht beobachtbar oder in einem physischen Sinne messbar ist – wenn man das auch früher über Schädelmessungen versucht hat.[32] Vielmehr wird ausgehend von einer theoretischen Grundlage bzw. verschiedenen Vorannahmen, die die beobachtende Person über dieses Konstrukt hat, die ihrerseits wiederum aus vorher Beobachtetem herrühren, auf dieses Konstrukt aus ebenso beobachtbaren Indikatoren zurückgeschlossen. Noch einmal schrittweise:

- Unser Sherlock nimmt z.b. an, Intelligenz sei ein Konstrukt mit mehreren Dimensionen/Fähigkeitsbereichen (Logik, räumliches Vorstellungsvermögen, Sprache, Merkfähigkeit etc.). Das tut er (verkürzt gesagt) u.a., weil viele seiner Vorgänger das so angenommen und erforscht haben oder weil es ihm aufgrund seiner Erfahrungen plausibel erscheint.

- In diese Vorannahmen ist somit vorher (empirisch) Beobachtetes eingegangen.

- Wegen dieser Vorannahmen konstruiert Sherlock einen Intelligenzstrukturtest, in dem Aufgaben aus solchen Bereichen gelöst werden sollen. Dieser Test fungiert quasi als seine Lupe, mit der er die Menschen betrachtet. Für die Konstruktion dieses Tests muss er noch viele Zusatzannahmen treffen, z.B. dass das Vervollständigen von Sprichwörtern auf sprachliche Fähigkeiten schließen lässt (und nicht etwa auf das Vorhandensein einer Großmutter, die solche Sprichwörter oft benutzt hat).

- Seinen Test lässt er von vielen Personen bearbeiten. Die Leistungen, die Testpersonen in diesen Tests erbringen, sind empirisch beobachtbar.

- Die Leistungen werden dokumentiert, statistisch ausgewertet und nach bestimmten Rechenvorschriften in einzelne Kenngrößen – z.B. in einen Intelligenzquotienten (IQ) – transformiert. Für diesen komplexen Vorgang wendet Sherlock wiederum Theorien, Annahmen, Methoden (Stichwort: Testtheorie) an; hier kommt also wieder die Konstruktebene zum Tragen.

- Schließlich interpretiert Sherlock die Testergebnisse dahingehend, dass die Personen über die entsprechenden kognitiven Fähigkeiten (und nicht nur über die Großmutter) verfügen – sie also mehr oder weniger intelligent sind.

---

[32] Wie durch diese und andere Messversuche „Der falsch vermessene Mensch" hervorgebracht wurde, schildert Stephen Jay Gould (1983) in eindrücklicher Weise.

Das heißt: Bis einer Person Intelligenz in Form eines bestimmten IQs zugeschrieben wird, ist mehrmals zwischen Konstrukt- und empirischer Ebene gewechselt worden und es sind einige Interpretationen notwendig.

Für Sherlock heißt das: Damit sein Vorgehen dem Anspruch an Wissenschaftlichkeit genügt, muss er unbedingt seine Ausgangsannahmen, alle Schritte, Ergebnisse und auch den Weg seiner Interpretationen offen legen.

Für Sie auf Ihrem Weg zur wissenschaftlichen Arbeit heißt das zum einen, dass Sie Sherlock kritisieren können, wenn er das nicht tut. Zum anderen – und vor allem das soll Ihnen Abbildung 4 verdeutlichen – müssen Sie klar trennen zwischen den *Ebenen*, auf die sich einzelne Aussagen beziehen; und zwar bereits sprachlich:

> Intelligenz ist ein (soziales) Konstrukt. Daraus folgt, dass man nicht sagen (bzw. schreiben) kann, *Intelligenz ist* eine menschliche Eigenschaft und *hat* verschiedene Bereiche, sondern: In der psychometrischen Intelligenzforschung *gilt Intelligenz als* oder *versteht man unter Intelligenz* eine menschliche Eigenschaft mit verschiedenen Fähigkeitsbereichen.

Es geht also um eine Vereinbarung, die – in einer bestimmten wissenschaftlichen Gemeinde[33] – getroffen wurde. Damit ist auch der weitere Punkt angesprochen, den Abbildung 4 illustrieren soll: die *Perspektive*, aus der Aussagen getroffen werden. Die bisherigen beispielhaften Ausführungen haben sich auf die Perspektive der psychometrischen Intelligenzforschung bezogen; dies ist aber keineswegs die einzige Forschungsrichtung, aus der man eine Lupe konstruiert, bzw. die einzige Blickrichtung, aus der man Aussagen über ein Konstrukt wie „Intelligenz" treffen kann.

Die Perspektive der Psychometrie – und anderer so genannter positivistischer[34] Forschungszugänge – lautet in etwa: Es gibt etwas, das wir beobachten und dem geben wir den Namen „Intelligenz". Wir bauen ein Messinstrument (Tests) immer weiter aus, bis z.B. kulturelle Bedingtheiten und daraus erwachsende Verzerrun-

---

[33] ... und von dieser Gemeinde an einem bestimmten Ort (z.B. Land oder Kulturkreis) und zu einer bestimmten Zeit (z.B. Jahrzehnt oder Jahrhundert).

[34] Als positivistisch werden erkenntnistheoretische Positionen und Forschungszugänge bezeichnet, die von der Existenz realer, objektiv messbarer Gegebenheiten ausgehen und diese im Sinne einer ‚Tatsachenforschung' erkunden wollen (vgl. dagegen Fn. 17).

gen – man denke an das Beispiel mit der Großmutter – nicht mehr vorkommen, so dass wir also immer besser das sehen und verstehen, was wir „Intelligenz" nennen.

Aus einer anderen Forschungsperspektive oder wissenschaftlichen Orientierung könnte man den Blick z.b. eher nach oben auf die Konstruktebene richten und fragen: Was bewirkt eigentlich die Annahme, es gebe „Intelligenz"? Ist es nicht die Rede von Intelligenz, die Existenz und immer weitere Verfeinerung von Testmethoden und deren Anwendung z.b. bei der Personalauswahl, die „Intelligente" erst hervorbringt? Weil wir nämlich lernen, wie es geht, Tests zu lösen, weil wir lernen, dass es wichtig ist, gute Ergebnisse zu erzielen, weil wir das Gütesiegel IQ als wissenschaftlich gesichert hinnehmen. So könnte man darauf aufmerksam machen, wie viel Macht in der Lupe des ersten Sherlock steckt – indem sie nämlich Menschen kategorisiert in „intelligent" und „unintelligent". Solche Aussagen würde man – etwas verkürzt und zugespitzt – aus einer foucaultianischen Perspektive[35] treffen. Und die Frage, wie können wir Messmethoden verbessern, um dem Konstrukt „Intelligenz" noch näher zu kommen, wäre aus dieser Perspektive schlichtweg falsch gestellt.

Was bedeutet das für Sie?

> Das heißt: Sie sollten bereits bei der Materialauswertung beachten und auch beim Schreiben angeben, aus welcher wissenschaftlichen Perspektive oder auch programmatischen Orientierung heraus Aussagen getroffen werden, weil dort jeweils eigene Forschungs- und Interpretationsregeln sowie auch Sprachregeln gelten.[36]

Um nun eine Aussage kritisch zu betrachten oder zu entscheiden, ob Sie selbst eine bestimmte Aussage treffen können, müssen Sie sich nicht nur darüber im Klaren sein, auf welche Ebene sich eine Aussage bezieht und aus welcher Per-

---

[35] Zur Erinnerung: Dem (Poststrukturalisten) Michel Foucault geht es vor allem um die Verzahnung von Wissen und Macht (vgl. 2.1.1, Punkt 7). Für eine an Foucault orientierte Analyse von Verfahren der Personalauswahl verweisen wir auf den Aufsatz von Laske und Weiskopf (1996), wo verschiedene Perspektiven auf Auswahlverfahren kontrastiert werden.

[36] Vgl. auch 2.1.1, Punkt 5, zur Mehrperspektivenanalyse, ein Typ von Fragestellung, mit dem Sie dies zum Ausgangspunkt Ihrer Arbeit machen können. Dies beinhaltet im Übrigen auch, dass wir keine Perspektive für grundsätzlich überlegen halten (vgl. dazu auch den abschließenden Abschnitt 5).

spektive sie getroffen wurde, sondern auch, mit welcher Art von Aussage Sie es zu tun haben.

2.3.2.2 Arten von Aussagen

Angelehnt an Nienhüser und Magnus (1998, S. 10 ff.) sind in Tabelle 5 unterschiedliche Arten von Aussagen zusammengestellt. Illustriert sind sie jeweils mit Beispielen aus „Der Erfolgsquotient" (Goleman 1999), ein Buch, in dem der Psychologe und Erfolgsautor Daniel Goleman das von ihm als wissenschaftlich fundiert propagierte Konzept der ‚emotionalen Intelligenz' auf die Arbeitswelt überträgt und es zum „neuen Maßstab" (ebd., S. 11) für beruflichen und organisationalen Erfolg erklärt.

Anhand der illustrierenden Beispiele soll aufgezeigt werden, dass auch in veröffentlichten Texten, und sogar auch in solchen, die einen wissenschaftlichen Anspruch erheben, die Vorsichtsmaßnahmen, die wir von Ihnen erwarten, nicht unbedingt eingehalten werden. Die entsprechenden Testfragen und die Erläuterungen, warum Goleman hier als ‚schlechter wissenschaftlicher Arbeiter'[37] bezeichnet wird, sollen Ihnen eine Orientierung geben, wie Sie die jeweiligen Aussagenarten kritisch analysieren und ihre Geltung einschätzen können, und zugleich Anhaltspunkte dafür, wie bzw. auf welcher Grundlage Sie selbst entsprechende Aussagen treffen können.

---

[37] Diese Formulierung ist angelehnt an die „Ratschläge für einen schlechten wissenschaftlichen Arbeiter" in Theisen (2000, S. 245 ff.). Die im Folgenden angeführten Kritikpunkte können Sie in Sieben (2001) ausführlicher nachlesen. Nebenbei bemerkt: Dieser Aufsatz ist auch ein Beispiel für den Typ von Fragestellung „Bewertung" auf Basis bestimmter Kriterien (hier: für sorgfältiges wissenschaftliches Arbeiten).

Arten von Aussagen	Beispiele für Aussagen eines ‚schlechten wissenschaftlichen Arbeiters'	Testfrage
1. Definitorische Aussagen	„Emotionale Intelligenz: Das ist die Fähigkeit, unsere eigenen Gefühle und die anderer zu erkennen, uns selbst zu motivieren und gut mit Emotionen in uns selbst und in unseren Beziehungen umzugehen" (Goleman 1999, S. 387; im Original hervorgehoben).	Ist die Definition präzise und hilfreich für die Bearbeitung der Fragestellung und wird sie durchgängig angewendet? Ist sie als solche gekennzeichnet?
2. Deskriptive Aussagen	a) „Wir beobachten [...] eine gefährliche [...] Entwicklung: Während die Kinder beim IQ immer schlauer werden, sinkt ihre emotionale Intelligenz" (ebd., S. 21). b) „In den uralten Hirnzentren der Emotion sitzen auch die Fähigkeiten, die man braucht, um mit sich und anderen richtig umzugehen" (ebd., S. 14). c) „Die Fachausbildung ist in der Tat leicht, verglichen mit der Förderung der emotionalen Intelligenz. Unser gesamtes Bildungssystem ist auf die Entwicklung kognitiver Fähigkeiten ausgerichtet" (ebd., S. 296).	Stimmt das? (Ist die Aussage genau und allgemeingültig?)
3. Gesetzesaussagen	Goleman (1999) schließt aus seinen Untersuchungen, dass „die Bedeutung der emotionalen Intelligenz zunimmt, je höher man in der Organisation aufsteigt. [...] Erfolg auf den höchsten Ebenen, in Führungspositionen, läßt sich praktisch zu hundert Prozent mit emotionaler Kompetenz erklären" (ebd., S. 46 f.).	Stimmt das? (Ist die Aussage genau und allgemeingültig?)
4. Ziel-Mittel-Aussagen	Verwenden Unternehmen emotionale Kompetenz als Auswahlkriterium, dann kann die Fluktuation gesenkt werden (vgl. ebd., S. 53 f.).	(Wie) funktioniert das?
5. Zusammengesetzte Aussagen, z.B. Erklärungen (deskriptive Aussage + Gesetzesaussage)	Gesetzesaussage: „Für herausragende Leistungen in allen Berufen und in jedem Bereich ist emotionale Kompetenz doppelt so wichtig wie rein kognitive Fähigkeiten" (ebd., S. 47). Randbedingung: „Aus dem von Hunter ermittelten Sachverhalt, daß in Jobs von hoher Komplexität zwischen Topleuten und schwachen Kräften ein gewaltiger wirtschaftlicher Wertunterschied besteht, ..." Zu Erklärendes: „...kann man folgern, daß emotionale Intelligenz sich nicht bloß zur kognitiven Fähigkeit addiert, sondern sich mit dieser multipliziert, und vielleicht ist dies die heimliche Ursache von Spitzenleistungen" (ebd., S. 50).	Sind die einzelnen Bestandteile wahr? Ist die Ableitung logisch korrekt?
6. Normative Aussagen	„Die Globalisierung des Arbeitsmarktes macht emotionale Intelligenz in den reicheren Ländern besonders lohnend. *Sollen die höheren Löhne dort behauptet werden, müssen sie durch* eine neuartige Produktivität gerechtfertigt werden" (ebd., S. 19; Herv. von uns).	Soll das so sein? Ist das gut so? (Geht das?)

Tabelle 5: Arten von Aussagen

Zu 1.: *Definitorische* Aussagen sind das erste Beispiel für einen Aussagentyp, der nicht „wahr" oder „falsch" sein kann.[38] Mit einer Definition wird eine begriffliche Abgrenzung vorgenommen, die je nach der verfolgten Fragestellung unterschiedlich ausfallen kann. Von daher wundern Sie sich nicht, wenn Sie zu fast allen Begriffen oder Konzepten, mit denen Sie sich näher beschäftigen, verschiedenartige Definitionen finden. So wird z.B. im Reader zu Personalpolitik III die Vorgesetztenbeurteilung als ein Aspekt der ‚Führung von unten' behandelt. In Astrid Emmerichs (2001) Definition dieses Konzeptes steht jedoch die „eigeninitiierte Einflussnahme" (ebd., S. 22) der MitarbeiterInnen im Vordergrund, eine von der Organisation initiierte Beurteilung von Vorgesetzten fällt also nicht darunter. Dieser Unterschied macht die erste oder die zweite Begriffsabgrenzung nicht „falsch", sondern er ist bedingt durch das jeweilige Erklärungs- bzw. Forschungsziel. Definitionen können also nur mehr oder weniger *hilfreich für den eigenen Untersuchungszweck* sein.

Auch Sie sollen in Ihrer eigenen Arbeit die grundlegenden Begriffe und Konzepte, die Sie verwenden, definieren. Hierfür sollten Sie die Begriffsbestimmungen verschiedener AutorInnen zusammentragen, ihre Gemeinsamkeiten und ggf. Widersprüche herausstellen und sich dann auf eine Ihrer Fragestellung angemessene Definition festlegen (vgl. hierfür als Beispiele Emmerich 2001, S. 21 f.; Ortlieb 2003, S. 9 ff.). Festlegen heißt: Wenn eine Begriffsklärung erst einmal vorgenommen ist, muss sie auch *durchgängig so angewendet* bzw. an späteren Stellen noch einmal *ausdrücklich präzisiert* werden. Und eine Definition sollte auch sprachlich als solche *gekennzeichnet* sein.

Golemans in Tabelle 5 zitierte Definition der ‚emotionalen Intelligenz' (EI) erfüllt diese Kriterien in mehrfacher Hinsicht nicht: EI *ist* nicht eine Fähigkeit, sondern Goleman *versteht* darunter eine Fähigkeit. Bereits sprachlich liegt hier also eine Verwischung von begrifflicher und empirischer Ebene vor (vgl. 2.3.2.1, insbesondere Abbildung 4). Beschäftigt man sich eingehender mit Goleman (1999), so wird deutlich, dass dieser Begriff zudem so nicht durchgängig verwendet wird: Der Autor fasst nicht nur Fähigkeiten unter diesem Begriff zusammen, sondern er

---

[38] Dies gilt allerdings nicht für die *Wiedergabe* einer Definition: Wenn Sie z.B. die analytische und die summarische Arbeitsbewertung verwechseln würden, so ist dies durchaus als „falsch" zu bewerten.

bezeichnet auch Persönlichkeitsmerkmale wie Optimismus, Initiative, Gewissenhaftigkeit mit EI, Konstrukte, die nicht ein reines Können, sondern zusätzlich die Tendenz zu einem bestimmten Verhalten ausdrücken. Darüber hinaus werden unter dem Begriff EI nicht nur Emotionen angesprochen, sondern auch Konstrukte wie Motivation oder persönliche Stärken und Schwächen. Schon daher ist die zitierte Definition zu eng und zu ungenau für die Fragestellung des Autors.

Darüber hinaus legt der Autor in derselben Veröffentlichung Ergebnisse eigener empirischer Analysen dar. Damit seine EI-Definition dafür als hilfreich gelten kann, müsste er sein Konzept der EI einer empirischen Analyse zugänglich machen, also operationalisieren, d.h. messbar machen.[39] Das aber tut Goleman nicht, auch an keiner anderen Textstelle. Wann genau eine Person für Goleman als ‚emotional intelligent‘ gilt, welche Verhaltensweisen sie in welchen Situationen wie häufig zeigen sollte oder welche (Kombination von) Antworten in einem Fragebogen darauf schließen lassen, erfahren wir nicht.

Die Frage, ob die Bezeichnung ‚emotionale Intelligenz‘ bzw. das Konzept an sich hilfreich und in sich stimmig ist, wäre allerdings eine weiterführende Frage, die über die Beurteilung der Definition hinausgeht (vgl. dazu Sieben 2001 und 2003).

Zu 2.: *Deskriptive*, also beschreibende Aussagen schildern einen beobachtbaren Sachverhalt. An sie kann und sollte man also die Frage richten, ob sie dies in richtiger Weise tun, ob sie dies präzise tun und ob sie für den angegebenen Geltungsbereich der Aussage immer gültig sind. Das heißt für Sie als wissenschaftlich Arbeitende: Geben Sie (empirische) Belege für Ihre deskriptiven Aussagen, prüfen Sie deren Geltungsbereich und geben Sie ihn an. Und nochmals: Verwechseln Sie nicht Konstrukt- und empirische Ebene.

Entsprechende Kritik lässt sich wiederum beispielhaft an den in Tabelle 5 zitierten Aussagen von Goleman üben:

---

[39] So gibt z.B. Renate Ortlieb (2003) in ihrer Dissertation folgende operationale Definition: „Der *betriebliche Krankenstand* ist eine Kennzahl zur Beschreibung des Ausmaßes der krankheitsbedingten betrieblichen Fehlzeiten. Er wird grundsätzlich berechnet als das in Prozent ausgedrückte Verhältnis der krankheitsbedingten Fehltage zu den gesamten Arbeitstagen zu einem bestimmten Zeitpunkt oder innerhalb eines bestimmten Zeitraumes" (ebd., S. 13; Hervorhebung im Original). Dieser Messvorschrift geht eine genaue Definition und Abgrenzung *betrieblicher* und *krankheitsbedingter* Fehlzeiten voraus.

Als Beleg für Golemans Aussage, die ‚emotionale Intelligenz' der Kinder sinke (2.a), dient ihm eine Längsschnittstudie, die in den USA über 13 Jahre durchgeführt wurde. Zunächst gehört das Forscherteam dieser Studie nicht zu den Entwicklern eines Maßes für EI: Die Psychologen Peter Salovey und John D. Mayer haben diese Bezeichnung erst 1990 ins Leben gerufen, und Goleman hat sie popularisiert. Die Aussage, die ‚emotionale Intelligenz' der Kinder sinke weltweit, kann also in der von Goleman angeführten Studie nicht getroffen worden sein. Als ‚gewissenhafter wissenschaftlicher Arbeiter' könnte Goleman demnach höchstens sagen: „In dieser Studie wurden solche Fähigkeiten untersucht, die ich unter EI fasse. Von daher lassen die Ergebnisse der Studie folgenden Schluss zu: ..." Hinzu kommt, dass Golemans Angaben zu dieser Studie äußerst mager sind: Eine Veröffentlichung aus dem Jahr 1989 nennt er zwar, er referiert jedoch weder den Stichprobenumfang, noch wie oder was genau gemessen wurde:

„Zweimal im mehrjährigen Abstand wurden Zufallsstichproben amerikanischer Kinder zwischen sieben und sechzehn Jahren von ihren Eltern und Lehrern, also von Erwachsenen, die sie gut kannten, beurteilt – zuerst Mitte der siebziger Jahre, dann Ende der achtziger Jahre" (Goleman 1999, S. 21).

Wie viele Kinder in welchem Alter wurden beurteilt? Wie viele Eltern und LehrerInnen wurden befragt? Wie wurden sie befragt: z.B. in Interviews oder mit standardisierten Fragebögen? Wonach wurden sie gefragt? All diese wichtigen Angaben – die wir von Ihnen erwarten, wenn Sie sich auf Ergebnisse empirischer Studien beziehen – können wir Golemans Veröffentlichung nicht entnehmen, sondern müssten sie selbst anhand der angegebenen Quelle nachprüfen. Und schließlich: Selbst wenn man die Ergebnisse dieser Studie als gesichert betrachtet, so ist fraglich, ob sie auch auf andere Nationen bzw. Gesellschaften übertragbar wären. Eine solche Generalisierung ist äußerst problematisch.

Die deskriptive Aussage unter 2.b) ist wiederum ein Beispiel für die Verwechslung von Konstrukt- und empirischer Ebene: Weder Emotion noch Fähigkeiten „sitzen" irgendwo im Gehirn. Mit dieser (und weiteren ähnlichen) Formulierung(en) wird eine fragwürdige Verdinglichung von menschlichen Fähigkeiten[40]

---

[40] Damit beziehen wir uns auf den „Trugschluss der *Verdinglichung* oder unsere Neigung, abstrakte Begriffe in Wesenheiten zu verwandeln" (Gould 1983, S. 18; Hervorhebung im Original), auf den Gould in seiner kritischen Analyse psychometrischer Ansätze der Intelligenzforschung eingeht.

vorgenommen. Zudem nimmt Goleman damit sehr weitgehende Interpretationen von neueren Hirnforschungsergebnissen vor und lässt eine Diskussion der Zulässigkeit solcher Interpretationen vermissen. Der Geltungsbereich seiner Aussage ist also nicht genügend geklärt.

Ähnliches trifft auf das Beispiel unter 2.c) zu: Wir als Lehrende (und vermutlich auch Sie als Studierende) haben gewisse Zweifel, ob die Fachausbildung „in der Tat" leicht ist. Nehmen Sie dies als Hinweis darauf, generalisierende und unumstößliche Wahrheiten andeutende Ausdrücke wie „in der Tat", „natürlich" oder „sicherlich" generell als Signalwörter zu betrachten: Hier ist Vorsicht geboten, meist lassen sich Gegenargumente finden! Sie selbst sollten solche Ausdrücke eher meiden.

Auch die sich anschließende Aussage von Goleman, unser gesamtes Bildungssystem sei auf die Entwicklung kognitiver Fähigkeiten ausgerichtet, ist so nicht richtig. Diese Behauptung lässt die in der Pädagogik seit dem 18. Jahrhundert bestehende Forderung nach einer Lehre mit Kopf, Herz und Hand außer Acht, die sich in der Entwicklung verschiedenster schulischer Unterrichtskonzepte von Reformpädagogik bis hin zum handlungsorientierten Unterricht niederschlägt (für eine Darstellung vgl. Jank/Meyer 1991). Ebenso wenig trifft Golemans Behauptung auf den Bereich der Personalentwicklung zu; gab es doch bereits in den 1970er Jahren einen Boom an Trainings sozialer Kompetenzen (vgl. z.B. Neuberger 1994, S. 211 ff.).

Zu 3.: *Gesetzesaussagen* beschreiben quasi naturgesetzliche Ursache-Wirkungsbeziehungen. Sie sind häufig als Je-desto- oder Wenn-dann-Aussagen formuliert bzw. lassen sich in solche überführen. Auch sie lassen sich dahingehend prüfen, ob sie zutreffend sind, also, ob es empirische Belege dafür gibt, ob Interpretationen empirischer Ergebnisse mit der gebotenen Vorsicht vorgenommen wurden, Grenzen der Aussagen angegeben sind etc.

Für das in Tabelle 5 angeführte Beispiel muss diese Frage wiederum verneint werden. Golemans ‚Gesetzesaussage' – je höher die berufliche Stellung, desto bedeutsamer EI – kann so nicht nachvollzogen werden. Diese Aussage beruht, wie in der zitierten Veröffentlichung nachzulesen, auf eigener empirischer Forschung.

Aber diese zum Teil vom Autor selbst durchgeführten, zum Teil in Auftrag gegebenen Studien sind erstens nicht ausreichend dokumentiert. Zweitens kann aus den wenigen Angaben geschlossen werden, dass die Datenbasis zu gering für solch generelle Aussagen war und zudem verschiedene, nicht miteinander vergleichbare Studien aufeinander bezogen wurden. Drittens greift hier die bereits unter Punkt 1 angeführte Kritik: Weder das Konzept der EI noch ‚Berufserfolg' werden von Goleman – für die LeserInnen nachvollziehbar – operationalisiert, so dass fraglich ist, was hier gemessen und in Beziehung gesetzt wurde. Viertens wurden ‚emotionale Kompetenz' und ‚Intelligenz' erst nachträglich hinein interpretiert, ohne dass Goleman dies diskutiert, also die Grenzen der Aussagekraft angibt. Zudem lautet Golemans (ohnehin fragwürdiges) Ergebnis in Bezug auf Führungspositionen, Berufserfolg beruhe zu 90 Prozent auf ‚emotionaler Intelligenz' (und eben nicht – wie dem Zitat aus Tabelle 5 zu entnehmen – ‚praktisch 100 Prozent'). Die restlichen zehn Prozent mögen als weiterer Beleg für seine wissenschaftliche Ungenauigkeit dienen.

Zu 4.: Bei *Ziel-Mittel-Aussagen* oder auch technologischen Aussagen geht es in Abgrenzung zu Gesetzesaussagen nicht um quasi naturgesetzliche Zusammenhänge. Solche werden vorausgesetzt, denn sonst könnte ein Mittel nicht zu einem Ziel führen. Im Kern einer Ziel-Mittel-Aussage geht es jedoch um die Anwendung eines Instrumentes. Von daher lautet hier die Prüffrage, *ob* dies funktioniert und auch *wie*. Es ist also a) ein Beleg für die Wirksamkeit des Instrumentes notwendig und b) eine genaue Beschreibung, wie es angewendet wird bzw. werden soll.
Beide Bedingungen erfüllt Goleman in Bezug auf das in Tabelle 5 angeführte Beispiel nicht: Wie schon mehrfach angemerkt, ist ‚emotionale Kompetenz' bei Goleman kein klar umrissenes Kriterium. Wie also danach ausgewählt werden soll, bleibt unklar und wird vom Autor auch an dieser Stelle nicht weiter ausgeführt. Auch der Zusammenhang zur Senkung der Fluktuation bleibt unklar. Er wird weder theoretisch erklärt noch – hinreichend – empirisch belegt: Die als Beleg für das ‚Funktionieren' angeführten Unternehmensbeispiele sind zu alt, um Golemans Konzept der EI als Grundlage zu haben. Um sie dennoch als empirischen Beleg anzuführen, müsste er als ‚gewissenhafter wissenschaftlicher Arbeiter' also min-

destens sagen: „In diesen Unternehmen wurden MitarbeiterInnen auf solche Merkmale hin ausgewählt, die ich mit ‚emotionaler Intelligenz' bezeichne ...". Zudem müsste er genauere Angaben zu diesen Studien machen (s.o.). Und selbst wenn in diesen Studien ein statistisch gesicherter Zusammenhang feststellbar wäre, ist noch immer nicht geklärt, ob ein Kausalzusammenhang vorliegt: Ist die Fluktuation gesunken, weil Personen mit solchen Merkmalen ausgewählt wurden? Bleibt sie ohne eine solche Auswahlpraxis gleich oder steigt sie gar? Was deutet darauf hin, dass andere Einflussfaktoren (wie z.b. Arbeitsmarktlage, Image des Unternehmens etc.) auszuschließen oder weniger wichtig sind? Das Auftreten eines Phänomens (wie hier die Veränderung der Fluktuationsrate) allein *einem* Einflussfaktor (wie hier der Auswahlpraxis) zuzuschreiben, ist problematisch. Auch diesbezüglich gälte es also, sehr viel vorsichtiger zu formulieren, z.B. „Ein Grund für die Senkung der Fluktuation könnte sein, dass die Auswahlpraxis in diesen Unternehmen verändert wurde."

Zu 5.: *Zusammengesetzte Aussagen* bauen eine logische Kette auf, wie sie für Erklärungen nötig ist. Für sie ist daher zu fordern, dass zunächst die einzelnen Aussagen stimmen, die verkettet werden, und dass darüber hinaus ihre Verkettung logisch erfolgt.

Goleman bedient sich in dem angeführten Beispiel einer Gesetzesaussage, die er aus seinen empirischen Studien ableitet, einer weiteren Studie (Hunter/Schmidt/ Judiesch 1990), die als Randbedingung dient und führt diese beiden Aussagen zu einer Schlussfolgerung zusammen, die in etwa lautet: IQ x EQ = Berufserfolg (= EQ^2?). Es wird Sie kaum wundern, dass es auch an dieser Aussage einiges auszusetzen gibt: Die „Gesetzesaussage" kann kaum als stimmig bezeichnet werden – aus denselben Gründen wie die oben diskutierte. Die hinzugenommene „Randbedingung" beruht auf einer Studie, deren Aussagekraft geprüft werden müsste. „Das zu Erklärende" ist bereits aufgrund der zweifelhaften Gesetzesaussage angreifbar und auch, weil es nicht gerade zwingend logisch hergeleitet wird: Die Wichtigkeit von EI wird hier in vorschneller Weise mit einem Wertunterschied gleichgesetzt (also höhere Bezahlung? vgl. dagegen Krell 2002, S. 84 ff.) und ein

Rechenexempel aufgemacht (Multiplikation statt Addition), das jeglicher mathematischen Logik entbehrt.

Zu 6.: *Normative Aussagen* sind Soll-Aussagen. Auch sie können nicht wahr oder falsch sein. Geprüft werden müssen sie jedoch, und zwar indem über ihre Ziele, Mittel und (Neben-)Wirkungen reflektiert wird. Das in Tabelle 5 angeführte Beispiel kann als eine indirekte normative Aussage gelesen werden. Sie ist zwar verpackt in einer Wenn-Dann-Beziehung, Golemans Forderung, die höheren Löhne in den reicheren Ländern zu behaupten, wird jedoch deutlich. Soll das eine Konsequenz aus der Globalisierung des Arbeitsmarktes[41] sein? Wir ersparen uns einen Kommentar.

Generell sollten Sie normative Aussagen, die Sie lesen, mit größter Vorsicht behandeln. Sie selbst sollten beim Schreiben darauf achten, dass Sie niemals „Sein" und „Sollen", also be- und vorschreibende bzw. deskriptive und normative Aussagen verwechseln. (Dies geschieht unserer Erfahrung nach relativ häufig!) Wenn Sie z.B. im Zusammenhang mit Gestaltungsempfehlungen (vgl. Punkt 3 unter 2.1.1) normative Aussagen treffen, dann müssen diese wohlbegründet sein. Verwenden Sie also normative Aussagen sparsam und vor allem behutsam. Dies schreiben wir im vollen Bewusstsein dessen, dass dieser Leitfaden fast ausschließlich aus normativen Aussagen besteht. Unsere Ziele haben wir jedoch offen gelegt und die erhoffte Wirkung, Sie mit grundlegenden Regeln des wissenschaftlichen Arbeitens vertraut zu machen, halten wir für gut.

In unserem Zwischenfazit zu diesem Abschnitt schließen wir uns Nienhüser und Magnus (1998, S. 18) an:

> „Auch Aussagen von Autoren, die oft zitiert werden, sind auf ihre Gültigkeit zu prüfen. Verwerten Sie Aussagen zur Stützung Ihrer Argumentation möglichst nur dann, wenn Sie keine Zweifel an deren Gültigkeit haben, bzw. nennen Sie die Bedenken, die Sie haben, gegebenenfalls auch in der Arbeit. Wenn Sie Publikationen finden, in denen die Aussagen in Widerspruch zueinander stehen, so ignorieren Sie nicht einfach einen Teil, sondern erörtern Sie dies [...]. Anschließend sollten Sie sich – begründet – für die eine oder andere Version entscheiden.

---

[41] Goleman unterstellt also, der Arbeitsmarkt werde oder sei bereits globalisiert. Stimmt das überhaupt? Diese Prüffrage (an die implizite deskriptive Aussage) sollten Sie insbesondere bei solch inflationär gebrauchten Schlagwörtern ebenso reflektieren.

Wenn Sie interessante Erklärungen des Phänomens suchen, warum sich auch Veröffentlichungen mit zweifelhaftem Wert einer großen Nachfrage erfreuen, dann empfehlen wir die Artikel von Kieser (1996) und Nienhüser (1998)."

2.3.3 Die Aussagen formulieren

Schon aus dem vorher Gesagten wurde deutlich, wie wichtig die Formulierung Ihrer Aussagen ist. Noch wichtiger aber ist, dass Sie nicht vor diesen Anforderungen kapitulieren. Lassen Sie sich vom weißen Blatt oder vom leeren Monitor nicht abschrecken! Gewisse Hemmungen vor dem Schreiben zu verspüren, ist durchaus keine Seltenheit. Entspannen Sie sich ruhig einmal mit einer anderen Art von Lektüre als der für Ihre Arbeit erforderlichen. Vielleicht hilft es Ihnen ja, Aspekte Ihrer eigenen Situation widergespiegelt zu bekommen, wie in „Echt Fertig! Tagebuch einer Examenskanditatin" von Gisa Funck (2000). Geben Sie auch zwischendurch einmal dem dringenden Bedürfnis nach, die Wohnung zu putzen oder die gesammelten Kontoauszüge des letzten Jahres abzuheften. Aber verschieben Sie das Schreiben nicht so lange, dass der Gang zum Schreibtisch eine unüberwindliche Hürde wird. Welch amüsant-bedrohliche Ausmaße diese Hürde annehmen kann, können Sie den Schilderungen des Ich-Erzählers in Thomas Bernhards (1982) Buch „Beton" entnehmen. Um dem vorzubeugen, beginnen Sie möglichst früh, Ihre Gedanken aufzuschreiben. Zwingen Sie sich nicht unbedingt, am Anfang zu beginnen, sondern fangen Sie ruhig bei den Abschnitten an, die Ihnen am deutlichsten sind, Ihnen am einfachsten erscheinen oder Ihnen am meisten Spaß machen. Hilfreiche Ratschläge zum Überwinden von Schreibhemmungen (sowie auch andere Tipps rund um die „Kunst des professionellen Schreibens") finden Sie bei Becker (1994).

Ihren Argumentationsrahmen haben Sie bereits durch die Gliederung geschaffen. Nun geht es also darum, Ihre Stichwort- und Zitatsammlung in einen Text umzuwandeln, der innerhalb der einzelnen Abschnitte Ihrer Argumentationslinie folgt. Zwingen Sie sich dabei nicht sofort zu druckreifen Formulierungen, sondern belassen Sie insbesondere schwierige Stellen ruhig erst in Stichworten oder Bruchstücken oder markieren Sie Stellen, die Ihnen noch nicht ganz treffend erscheinen. Erfahrungsgemäß werden Sie das Geschriebene ohnehin noch einige

Male überarbeiten (vgl. dazu auch 2.6). Während solcher Überarbeitungsschritte wird sich der Gedankengang immer mehr herauskristallisieren, und es wird Ihnen leichter fallen, seinen logischen Aufbau auch sprachlich zu verdeutlichen. Und Sie werden – sowohl dadurch, dass Sie mehr gelesen, als auch dadurch, dass Sie selbst mehr geschrieben haben – prägnantere Ausdrücke und Formulierungen finden.

Worauf nun sollten Sie beim Schreiben bzw. beim Überarbeiten des Geschriebenen achten?

Als Grundsatz gilt, die Sätze müssen a) klar, b) gehaltvoll und c) logisch sein.[42]

Zu a) Weit verbreitet bei Studierenden ist das Vorurteil, wissenschaftliche Texte müssten kompliziert klingen. Manche Fremdwörter, wenn sie eingeführte Fachwörter sind, sind in der Tat unumgänglich. Aber dadurch muss die Ausdrucksweise noch nicht kompliziert werden. Zur Entwirrung komplexer Sachverhalte können kurze Sätze hilfreich sein. Zur Verdeutlichung abstrakter Gedanken sind illustrierende Beispiele empfehlenswert.[43] Bemühen Sie sich um eine eindeutige und vor allem eine verständliche Ausdrucksweise.

Hierzu könnten wir z.B. folgenden Merksatz vorgeben:

Ein Beispiel für Nominalstil:
Zur Verbesserung der Nachvollziehbarkeit der Argumentation in Texten wissenschaftlicher Art wird von den Verfasserinnen die Empfehlung ausgesprochen, bei deren Erstellung eine Häufung des Nominalstils zu vermeiden.

Wenn wir möchten, dass Sie dieser Empfehlung nachkommen, dann sollten auch wir dies wohl besser anders formulieren, z.B.:

Ein Vorschlag zur „Entwirrung":
Damit die Argumentation in wissenschaftlichen Texten besser nachzuvollziehen ist, empfehlen wir, den Nominalstil nicht übermäßig zu benutzen, d.h. wo es möglich ist, Nomina durch Verben zu ersetzen.

Sie machen einen Text damit eleganter und leichter lesbar.

---

[42] Zu dieser Forderung vgl. z.B. Bänsch (1999, S. 24 ff.).
[43] Diese beiden Empfehlungen – kurze Sätze zu bilden und Beispiele zu finden – können Ihnen im Übrigen auch beim Verstehen eines Textes helfen.

Einige hilfreiche „Rezepte gegen Sprachverstopfung" finden Sie übrigens bei Krämer (1999, S. 153 ff.).[44]

Zu b) Ein klassisches Beispiel für einen gehaltlosen Satz ist der folgende: Wenn der Hahn kräht auf dem Mist, ändert sich das Wetter, oder es bleibt, wie es ist. Nicht ganz so krass, aber dennoch nahezu gehaltlos wäre die folgende Aussage:

> Als Beurteilung der Methode ergibt sich, dass sie eine genaue Prognose nicht ermöglicht.

Prognosen treffen Aussagen über in der Zukunft erwartete Ereignisse; daher können sie nie genau sein. Eine solche Beurteilung wäre also wenig gehaltvoll.

Zu c) Mangelnde Logik liegt häufig in fehlerhaften Bezügen begründet. Ein nicht nachahmenswertes Beispiel:

> In Unternehmen werden zunehmend Maßnahmen gegen die Diskriminierung von Frauen ergriffen. Deswegen gibt es noch immer viele Frauen, die gar nicht erst versuchen, in Führungspositionen zu gelangen.

Denken Sie an die unterschiedlichen Arten von Aussagen, die unter 2.3.2.2 vorgestellt wurden. Der Konnektor[45] „deswegen" stellt hier einen Begründungszusammenhang her, der unlogisch ist. Vielleicht sollte es heißen: „Weil Frauen befürchten, dass sie diskriminiert werden, ..." oder: „Dass Diskriminierung vorkommt, ist der Grund, warum ...". Vielleicht sollten aber auch nur zwei beschreibende Aussagen verknüpft werden: „Obwohl Maßnahmen ergriffen werden, gibt es noch immer ...". Bevor Sie also einen Konnektor wie „daher", „um zu", „so dass" usw. benutzen, prüfen Sie genau, ob Sie den logischen Zusammenhang, den Sie damit herstellen, auch so meinen und günstigsten Falls auch belegen können.

Zu dieser Regel gehört auch, logische Strukturen aufzubauen und einzuhalten. Dabei helfen gliedernde Worte wie „erstens", „zweitens" usw. Aber bitte beachten

---

[44] Aber auch da gilt der Grundsatz: Lesen Sie alles kritisch und bilden Sie Ihr eigenes Urteil. Der Autor schreibt z.B., Wörter wie StudentInnen oder MitarbeiterInnen seien hässlich, und fordert „Keine Bisexualität" (Krämer 1999, S. 157). Wir schließen uns dieser Einschätzung nicht an, möchten jedoch ausdrücklich unterstreichen, dass wir weder von Ihnen fordern, das große „I" zu verwenden, noch seine Verwendung verdammen.
[45] Ein Konnektor ist ein Wort, das eine Verknüpfung zwischen Sätzen oder Satzteilen herstellt, wie z.B. dann, davon, also etc.

Sie: Nach „zum einen" folgt immer auch „zum anderen", nach „einerseits" „anderseits" und, wenn Sie die letzteren Ausdrücke verwenden, dann darf es keine weitere Seite geben.

Strukturieren sollten Sie Ihren Text zudem durch – sinnvolle – Absätze, und zwar weder zu viele, noch zu wenige. Es ist schwierig, abstrakt die optimale Länge eines Absatzes zu beschreiben; viel leichter ist es, zu erkennen, wann die Untergliederung eines fortlaufenden Textes in Absätze nicht gelungen ist: Wenn auf einer Textseite jeweils nach einem oder zwei Sätzen ein Absatz gemacht wurde, so ist dies eindeutig zu viel. Besteht eine Textseite hingegen nur aus zwei oder gar einem einzigen Absatz, so wäre es äußerst ratsam, Absätze einzufügen. Als Daumenregel gilt, dass ein Absatz aus einem zusammenhängenden Gedanken(gang) besteht, also z.B. einem Argument mit illustrierendem Beispiel. Wenn Sie sich einem neuen Argument zuwenden, so empfiehlt sich ein neuer Absatz.

In Bezug auf alle angesprochenen Punkte ist es äußerst empfehlenswert, den erstellten Text von anderen Personen gegenlesen zu lassen, da man oft sehr an den eigenen Formulierungen hängt und etwaige Ungereimtheiten gar nicht mehr bemerkt.

Umstritten ist, ob wissenschaftliche Texte durchgängig in einem unpersönlichen Stil verfasst werden sollten, wie es z.B. Bänsch (1999, S. 22) empfiehlt, oder ob auch die Verwendung von „ich" bzw. „wir" im Falle einer gemeinsamen Arbeit erlaubt ist, wie es z.B. Krämer (1999, S. 156 f.) schreibt. Eine generelle Regel können wir Ihnen hierzu nicht an die Hand geben. Nur so viel: Wenn Sie sich dafür entscheiden, „ich/wir" oder „m.E./u.E." (für „meines" bzw. „unseres Erachtens") zu benutzen, so tun Sie dies nur an solchen Stellen, wo Sie tatsächlich Ihre eigene Leistung dokumentieren oder Ihrer eigenen Meinung Ausdruck geben. In Tabelle 6 haben wir typische Beispiele für solche Stellen kontrastiert. Entscheiden Sie selbst, welche Formulierung eher Ihrem Stil entspricht.

Unpersönliche Wendungen	Persönliche Wendungen
Dieser Abschnitt dient einer Darstellung ...	In diesem Abschnitt werde ich darstellen, ...
In dieser Arbeit konnte aufgezeigt werden, dass ...	Wir konnten in dieser Arbeit aufzeigen, dass...
Mit Meyer (19xx, S. yy) soll jedoch zu bedenken gegeben werden, dass ...	Diese Aussage geht m.E. zu weit, da ... (vgl. auch Meyer 19xx, S. yy).
Zudem erscheint fraglich, ob ...	Zudem möchte ich zu bedenken geben, ob ...

Tabelle 6: Beispiele für unpersönliche und persönliche Wendungen

2.4 Die Kunst des Zitierens

Die Grundregel lautet: Geben Sie niemals fremde Gedanken als Ihre eigenen aus. Geben Sie stets an, wo – d.h. in welchem Text – Sie die jeweilige Aussage gefunden haben, machen Sie also eine Quellenangabe. Allerdings müssen Sie sich zunächst darüber Gedanken machen, welche Quelle Sie wofür benutzen können.

2.4.1 Zitierfähig? Zitierwürdig? Es kommt darauf an!

Hierfür müssen Sie sich erst einmal klar machen, was für eine Art von Material Sie vor sich haben. Wenn Sie z.B. im Tagesspiegel einen Artikel finden, der zu einem Themenaspekt passt oder Ihnen ein Buch in die Hand fällt, das den Titel trägt „Personalauswahl leicht gemacht" (so genannte Praktikerliteratur), so kann Sie das durchaus gedanklich weiterbringen, aber: Erstens sollten Sie nicht uneingeschränkt glauben, was dort steht; das gilt allerdings wie gesagt für jeden Text, den Sie verwenden wollen.[46] Zweitens können Sie solche Quellen nicht uneingeschränkt als Beleg verwenden.

Etwas systematischer: In diesem Zusammenhang wird in Handbüchern zum wissenschaftlichen Arbeiten auch von *Zitierfähigkeit* und *Zitierwürdigkeit* gesprochen.

---

[46] Dies gilt im Übrigen nicht nur für „Prosa-Texte", sondern gerade auch für Zahlenangaben jeglicher Art, wie z.B. „Die jährlichen Kosten für Entgeltfortzahlungen im Krankheitsfall in deutschen Dienstleistungsunternehmen belaufen sich auf XY Millionen Euro". Für eine eingehende Diskussion so genannter Kosten des betrieblichen Krankenstandes vgl. Ortlieb (2003, S. 28 ff.).

Zitierfähig ist zunächst jede zugängliche Veröffentlichung, also Bücher, Aufsätze, Statistiken, Internetquellen[47] etc. und auch Dissertationen, da sie auch in dem Fall, dass sie nicht in Buchform veröffentlicht werden, in größeren Bibliotheken zugänglich sind. Zitieren können Sie ebenso Veröffentlichungen, die erst im Erscheinen begriffen sind, da diese in Kürze zugänglich sein werden. Als *nicht zitierfähig* gilt in der Regel[48] unveröffentlichtes Material, dazu gehören Seminararbeiten, Diplomarbeiten, Vorträge etc.; nicht, weil dort nicht wichtige Aussagen getroffen würden, sondern weil diese Quellen für andere nicht zugänglich sind. Für sich auswerten können Sie solche Quellen durchaus, verwenden sollten Sie sie aber in erster Linie als Hinführung auf die dort genannten – zitierfähigen – Textquellen, die dann wiederum als Beleg für Ihre Aussagen dienen können.

Während Sie jede öffentlich zugängliche Veröffentlichung später als Beleg verwenden *können*, eignet sich aber nicht jede Quelle gleichermaßen als Beleg für Ihre Aussagen. Bei Theisen (vgl. 2000, S. 141) finden Sie hierfür den Begriff der *Zitierwürdigkeit*. Dieser Begriff ist leicht missverständlich, weil er sich anhört, als könne man eindeutig entscheiden, welche Quellen für eine wissenschaftliche Arbeit zitierwürdig sind und welche nicht. So sollten Sie ihn jedoch nicht verstehen. Die Frage nach der Zitierwürdigkeit soll Sie vielmehr für die Frage sensibilisieren, welche Quellen *für welchen Zweck* angemessen sein können.

- Als eher nicht zitierwürdig gelten z.B. *Tageszeitungen* oder *Publikumszeitschriften* (Stern, Spiegel, Wirtschaftswoche, managermagazin etc.), weil insbesondere dort fraglich ist, ob alles mit (wissenschaftlicher) Sorgfalt nachgeprüft wurde. Einen Beleg für Ihre Hauptaussagen sollten Sie dort nicht suchen. Allerdings: Wenn Sie ein Indiz dafür liefern wollen, dass sich ein Thema in der öffentlichen Diskussion befindet oder wie es diskutiert wird, so wären gerade solche Publikationen einen Verweis wert.

- Eingangs wurden *Konversationslexika* als Hilfsmittel benannt. Auch hier gilt: Sie können Ihren Gedankengang anstoßen, einen Beleg für Hauptaussagen lie-

---

[47] Internetquellen sind allerdings ‚flüchtiger' als gedruckte Publikationen. Von daher gilt derzeit für Seminar- und Diplomarbeiten die Regel, sie ausgedruckt oder auf Diskette gespeichert der Arbeit beizufügen (vgl. dazu auch 1.2.2.3).
[48] Es gibt auch Ausnahmen von dieser Regel. Verfügen Sie über nicht veröffentlichtes Material, das Ihnen zitierwürdig (s.u.) erscheint, so besprechen Sie mit der betreuenden Person, wie Sie damit verfahren können.

fern sie kaum. Was Sie hier finden, ist z.b. eine Erläuterung dazu, was man gemeinhin unter einem bestimmten Begriff versteht. Es ist möglich, dass Sie eine solche Erläuterung in Ihren Argumentationsgang einbauen wollen. Für diesen Zweck stellen Lexika durchaus eine zitierwürdige Quelle dar.

- Fachspezifische *Nachschlagewerke* – wie z.b. das „Handwörterbuch des Personalwesens" (Gaugler/Weber 1992) – und *Lehrbücher* anders: Dort finden Sie Wissen, das Sie benötigen, – etwa Instrumente der Personalauswahl oder was alles unter Personalentwicklung fällt – systematisch aufgearbeitet. Das können und sollen Sie für Ihre Arbeit auswerten, und diese Bücher sind für solch einen Zweck auch zitierwürdig. Aber Vorsicht: Wenn Sie dort auf eine Theorie oder ein Konzept stoßen, das Ihnen hilfreich für Ihre Gedankenführung erscheint und das Sie benutzen wollen, dann sollten Sie immer auch die *Originalquelle(n)* hinzuziehen und diese für Textbelege benutzen.

- Dies berührt die Hauptregel zur Zitierwürdigkeit: Benutzen Sie *einschlägige Literatur*! Am oben besprochenen Beispiel: Wenn Sie das Konzept der ‚emotionalen Intelligenz' darstellen, so sind die Veröffentlichungen von Goleman (1997; 1999) sowie seiner Referenzautoren Salovey und Mayer (1990) einschlägige Quellen, und nicht etwa ein Aufsatz über EI aus einer Fachzeitschrift oder Sieben (2001), wo Sie ebenso eine Darstellung des Konzeptes finden. Der letztgenannte Aufsatz wiederum ist einschlägig, wenn Sie Kritik an der wissenschaftlichen Grundlage des Konzeptes üben wollen.

In diesem Zusammenhang wird häufig die Frage gestellt, wie alt denn Quellen sein dürfen bzw. wie aktuell sie sein sollen. Wenn Sie Konzepte, Theorien, Verfahren oder auch Kritik daran darstellen, so scheuen Sie sich nicht, Texte mit weit zurückliegenden Veröffentlichungsdaten zu verwenden. Wenn Ihre Fragestellung z.B. das Konzept der Unternehmenskultur berührt, sollten Sie u.a. Schein (1985) verwenden. Wenn Sie z.B. Verfahren der Arbeitsbewertung kritisch betrachten, so gilt die Veröffentlichung von Bartölke u.a. (1981) noch immer als einschlägige Quelle. Ob sich jedoch Unternehmen Gedanken um ‚ihre Kultur' machen oder welche Arbeitsbewertungsverfahren angewendet werden bzw. welche gesetzlichen Regelungen hier zu beachten sind, erfahren

Sie nur aus möglichst aktuellen Texten. Auch von Lehrbüchern sollten Sie generell die neueste Auflage verwenden.

- Ebenso abwägen müssen Sie die Verwendung von so genannter *praxisorientierter Literatur.*

Zunächst zu *Aufsätzen* aus praxisorientierten Fachzeitschriften: Dort bekommen Sie einen guten Überblick, welche Verfahren, Konzepte etc. in Organisationen angewendet werden. Um Ihre Ausführungen mit Unternehmensbeispielen zu unterfüttern, sind sie also gut geeignet. Nicht geeignet sind sie hingegen für Definitionen. So sollten Sie einen Aufsatz über die ‚Kultur im XY-Unternehmen' nicht als Quelle heranziehen, um Unternehmenskultur zu definieren.[49] Auch bei Gestaltungsempfehlungen sollten Sie vorsichtig sein: In Aufsätzen ‚aus der Praxis' werden Sie besonders häufig normative Aussagen finden, die nicht immer wissenschaftlich begründet sind, bzw. rezeptartige Empfehlungen, bei denen nicht Vor- und Nachteile abgewogen oder Grenzen aufgezeigt werden. So könnten Sie z.B. in einigen praxisorientierten Beiträgen auf die Empfehlung stoßen, für eine Personalauswahlentscheidung graphologische Gutachten hinzuzuziehen. Diese Empfehlung sollten Sie jedoch nicht (unkritisch) übernehmen, da graphologische Gutachten als Auswahlinstrument in der wissenschaftlichen Literatur stark kritisiert werden (vgl. hierzu z.B. Heinze 1995). Nun finden Sie in praxisorientierten Fachzeitschriften durchaus auch zahlreiche Beiträge, in denen fundierte Argumente vorgebracht und ausgewogene Gestaltungsempfehlungen gegeben werden. Aber auch solche Beiträge sollten Sie mit Vorsicht behandeln und auf jeden Fall andere Quellen hinzuziehen, um die dort getroffenen Aussagen zu überprüfen. Um dies an einem Beispiel aus unseren Forschungsschwerpunkten deutlich zu machen: Wenn Sie sich mit dem Thema Gleichstellung beschäftigen, würden Sie z.B. auf einen Aufsatz „Gleichstellungscontrolling" (Krell 1996b) in der Zeitschrift *Personalwirtschaft* und auf „Ecksteine einer erfolgversprechenden Gleichstellungspolitik" (Krell 1997) in der Zeitschrift *Personal* stoßen. Nur eingeschränkt zitierwürdig wären diese Aufsätze aus zweierlei Gründen: Zum einen

---

[49] Denkbar wäre allerdings ein solcher Quellenbeleg, wenn Sie darstellen wollen, was ‚in der Praxis' bzw. der praxisorientierten Literatur unter Unternehmenskultur verstanden wird.

werden in diesen Zeitschriften üblicherweise Vorgaben zur Quellenzahl gemacht, so dass Sie Gefahr laufen, der Autorin Aussagen zuzuschreiben, die aus anderen Quellen stammen. Zum anderen wären diese Aufsätze heute nicht mehr die einschlägigen Quellen für eine wissenschaftliche Arbeit zum Thema Gleichstellung, sondern die jeweils neueste Auflage des Buches „Chancengleichheit durch Personalpolitik" (Krell 2001c),[50] da die gleichen Themenaspekte dort fundierter und aktueller behandelt werden.

Ebensolche Vorsicht sollten Sie bei *praxisorientierten (Hand-)Büchern* walten lassen. Hier sollten Sie – und werden Sie bei längerer Leseerfahrung – zwischen Büchern zu unterscheiden lernen, die wissenschaftlich fundiertes Wissen an eine größere Öffentlichkeit richten – dazu ließe sich z.B. „Das gekaufte Herz" (Hochschild 1990) zum Thema Emotionsarbeit zählen – und solchen, die Wissenschaftlichkeit vorgeben, dieses Versprechen aber kaum halten, wie es am Beispiel Golemans (1999) gezeigt wurde.

2.4.2 Einige Regeln zur Zitierweise

Nun haben Sie eine Orientierungshilfe dazu, *was* Sie zitieren können. Im Folgenden wird es darum gehen, *wie* Sie zitieren können bzw. müssen. Hierzu haben wir einige Regeln zusammengestellt und sie anhand von Zitierbeispielen illustriert. Und zwar stammen die Zitierbeispiele überwiegend aus den in Abbildung 5 wiedergegebenen zwei Seiten aus dem Handbuch zum wissenschaftlichen Arbeiten von Krämer (1999, S. 14 f.).

Da es beim korrekten Zitieren auch um typographische[51] Details geht, haben wir die auf Abbildung 5 folgenden Regeln jeweils *kursiv* und eingerahmt vorangestellt und die dazugehörigen Beispiele ‚normal' gesetzt (recte,[52] Blocksatz, 1,5-zeilig). Es sind jedoch nur Beispiele für eine korrekte Zitierweise: In anderen Leitfäden werden Sie weitere Varianten finden, die ebenso üblich und korrekt sind. Ihre

---

[50] Dies ist im Übrigen ein gutes Beispiel dafür, wie schnell solche Aussagen überholt sind: Zu dem Zeitpunkt, wo wir diesen Leitfaden in Druck geben, ist die vierte Auflage des gleichen Buches (Krell in Vorbereitung) bereits in Planung.
[51] Typographie:= Schriftsatz.
[52] Mit „recte" wird das ‚aufrechte', nicht kursive Format bezeichnet.

Aufgabe ist, sich für eine Zitierweise zu entscheiden und diese dann *durchgängig und einheitlich* zu verwenden.

mit Einstein, aber das wird von einer studentischen Abschlussarbeit ja auch nicht verlangt.

Der Standardfall in Deutschland ist wohl die Diplomarbeit. Sie »soll zeigen, dass der Kandidat in der Lage ist, innerhalb der vorgegebenen Zeit ein Problem aus seiner Fachrichtung selbständig nach wissenschaftlichen Methoden zu bearbeiten« (Diplom-Muster-Prüfungsordnung meiner Heimat-Universität). »Die Diplomarbeit soll zeigen, dass der Kandidat befähigt ist, innerhalb einer vorgegebenen Frist eine praxisorientierte Aufgabe aus seinem Fachgebiet sowohl in ihren fachlichen Einzelheiten als auch in den fachübergreifenden Zusammenhängen nach wissenschaftlichen und fachpraktischen Methoden selbständig zu bearbeiten« (Prüfungsordnung Fachhochschulen). Gleiches gilt für schriftliche Hausarbeiten: »Die schriftliche Hausarbeit ... dient der Feststellung, ob der Kandidat ein auf sein Lehramtsstudium bezogenes Thema innerhalb eines bestimmten Zeitraums selbständig wissenschaftlich ... bearbeiten kann« (Lehramts-Prüfungsordnung).

Diese wie auch immer im Einzelfall benannte Schrift soll im Folgenden nur »Abschlussarbeit« heißen. Sie ist in der Regel die erste größere selbständige Schrift ihres Verfassers oder ihrer Verfasserin und schließt das Studium in der Regel ab. Davon gehe ich der Konkretheit halber im Weiteren auch aus. Aber natürlich betrifft das Folgende auch studienbegleitende Arbeiten auf der einen und weiterführende Projekte wie Dissertationen oder Habilschriften auf der anderen Seite. Denn der Unterschied zwischen einer bescheidenen Seminararbeit und einer Doktorarbeit ist kleiner, als die meisten glauben: Man soll zeigen, dass man wissenschaftlich arbeiten kann, dass man die Regeln der akademischen Kunst beherrscht und diese Regeln sind für alle wissenschaftlichen Arbeiten dieselben.

- Erstens: alles nachvollziehbar halten.
- Zweitens: Meinungen und Fakten nicht vermengen.
- Drittens: neue Erkenntnisse gewinnen wollen.

Und Spaß machen darf das alles auch. Denn Wissenschaft ist auch »eine Aktivität, die Neugier und das Ego befriedigt« (Komarek 1989, S. 80). »Sie ist in erster Linie unabhängig von Gedanken der

14

Abbildung 5: Zitiervorlage aus Krämer (1999, S. 14 f.)

66

Anwendung oder Nützlichkeit. Man beschäftigt sich mit Wissenschaft aus Freude an der Vermehrung des Kulturgutes der Menschheit, aus Wertschätzung und Hochachtung vor dem Erbe von Generationen großer Geister und natürlich auch, um als erster zu publizieren und bekannt, anerkannt, ja wenn möglich berühmt zu werden.«

Wissenschaft und Wahrheit

Wissenschaftlich heißt nicht wahr; nur wer überhaupt nicht denkt, macht keine Fehler. Wissenschaftlichkeit hat nur mit der Methode der Gewinnung, nicht mit der Wahrheit einer Aussage oder Theorie zu tun. Große Wissenschaftler haben über Jahrhunderte geglaubt, dass die Sonne um die Erde kreise, dass Atome niemals spaltbar seien (so der Chemie-Nobelpreisträger Ernest Rutherford noch Anfang des 20. Jahrhunderts) oder dass die Erde eine hohle Kugel sei (so eine Theorie des berühmten Astronomen Edmond Halley, nach dem der halleysche Komet benannt ist). Aristoteles, einer der größten Wissenschaftler überhaupt, lehrte, dass Insekten spontan aus Schlamm heraus entstünden und dass die Welt aus nur vier Elementen – Feuer, Wasser, Luft und Erde – bestehe, plus dem sogenannten »Äther«, der den Himmel fülle. Schwere Gegenstände fallen nach seiner Naturlehre schneller als leichte, Wein in einem großen Fass mit Wasser wird selbst zu Wasser und ein Rebhuhnweibchen wird befruchtet, wenn der Wind vom Männchen her weht. Der große Immanuel Kant glaubte entdeckt zu haben, dass die ihm so verhassten Wanzen aus Sonnenlicht entstünden (worauf er bis zu seinem Tod sein Schlafzimmer rund um die Uhr verdunkeln ließ), und selbst Albert Einstein, der moderne Prototyp des genialen Wissenschaftlers, lag zumindest mit einer seiner Theorien voll daneben: Er glaubte lange Zeit, dass das Universum niemals expandieren könne, wohingegen unter Physikern heute wohl Einigkeit darüber besteht, dass dieses sich sehr wohl, und zwar rasant, erweitert.

All diese Fehler haben ihre Väter nicht daran gehindert »anerkannt, ja wenn möglich berühmt zu werden.« Denn alle haben sie

15

Hier also einige Regeln und Zitierbeispiele:

> *Das Kennzeichen direkter Zitate sind doppelte Anführungsstriche gefolgt von dem Quellenbeleg; nach klassischer Zitierweise in einer Fußnote nach dem Zitat, nach amerikanischer Zitierweise im laufenden Text (hier auch vor dem Zitat möglich). Ein Vorteil der klassischen Zitierweise ist, dass der Lesefluss nicht unterbrochen wird; ein Vorteil der amerikanischen, dass sie Platz spart. Im folgenden Beispiel sind beide Varianten angegeben; in den nächsten Beispielen beschränken wir uns auf die amerikanische.*
>
> *Der Quellenbeleg selbst enthält den Nachnamen des Autors oder der Autorin,[53] das Erscheinungsjahr des Textes und die Seite, auf der das Zitat zu finden ist. Erstreckt es sich über zwei Seiten, so schreiben Sie z.B. „S. 53 f.", bei mehreren Seiten „S. 53 ff." (dazu, wann ein Seitenbeleg entfallen kann, s. weiter unten).*

Ein Beispiel für die amerikanische Zitierweise:

Die Anforderungen an wissenschaftliche(s) Arbeiten können nicht früh genug erlernt werden. Mit dieser Einschätzung schließen wir uns z.B. Krämer (1999) an, der schreibt: „Denn der Unterschied zwischen einer bescheidenen Seminararbeit und einer Doktorarbeit ist kleiner, als die meisten glauben: Man soll zeigen, dass man die Regeln der akademischen Kunst beherrscht und diese Regeln sind für alle wissenschaftlichen Arbeiten dieselben" (ebd., S. 14).

Das gleiche Beispiel in klassischer Zitierweise:

Die Anforderungen an wissenschaftliche(s) Arbeiten können nicht früh genug erlernt werden. Mit dieser Einschätzung schließen wir uns z.B. Krämer an, der schreibt: „Denn der Unterschied zwischen einer bescheidenen Seminararbeit und einer Doktorarbeit ist kleiner, als die meisten glauben: Man soll zeigen, dass man die Regeln der akademischen Kunst beherrscht und diese Regeln sind für alle wissenschaftlichen Arbeiten dieselben."[54]

---

[53] Wenn Sie, wie im folgenden Beispiel, den Namen in Ihrem Satz nennen, so können Sie auch den Vornamen dazu schreiben, wenn Sie z.B. deutlich machen wollen, ob es sich um eine Frau oder einen Mann handelt. In einem reinen Klammerbeleg wird der Vorname jedoch i.d.R. nicht genannt. Nur wenn zwei oder mehr AutorInnen aufgrund gleicher Nachnamen verwechselt werden könnten, wird das Vornamensinitial dazu gesetzt, z.B. (A. Müller 19xx, S. yy) und (M. Müller 19xx, S. yy).

[54] Krämer 1999, S. 14.

> *Mehrzeilige direkte Zitate können auch eingerückt und einzeilig sowie in kleinerer Schriftgröße formatiert werden.*

Ein Beispiel:

Folgende drei Punkte sind bei dem Erstellen wissenschaftlicher Arbeiten unbedingt zu beachten:

„• Erstens: alles nachvollziehbar halten.
• Zweitens: Meinungen und Fakten nicht vermengen.
• Drittens: neue Erkenntnisse gewinnen wollen" (Krämer 1999, S. 14).

> *Direkt zitieren heißt, das Geschriebene buchstaben- und zeichengetreu zu übernehmen, also mit den dort vorhandenen Absätzen (siehe dazu das obige Beispiel) und z.B. in alter Rechtschreibung, auch wenn man die neue verwendet.[55] Doppelte Anführungsstriche im Original sind durch einfache zu ersetzen.*
>
> *Direkte Zitate können in den eigenen Satz eingebaut werden; Auslassungen, grammatikalisch notwendige Veränderungen (inkl. Groß-/Kleinschreibung) und kurze Erläuterungen (einer Abkürzung, eines Pronomens etc.) sind dabei in eckige Klammern zu setzen.*

Einige Beispiele:

Der Autor trennt nicht zwischen studienbegleitenden Seminararbeiten, Abschlussarbeiten und wissenschaftlichen Arbeiten zur Erlangung weiterer akademischer Grade. Für ihn ist dieser „Unterschied [...] kleiner, als die meisten glauben" (Krämer 1999, S. 14).

Krämer (1999) schreibt, die erste Grundregel wissenschaftlichen Arbeitens sei, „alles nachvollziehbar [zu] halten" (ebd., S. 14).

„[A]lles nachvollziehbar halten" ist für Krämer (1999, S. 14) die erste Grundregel wissenschaftlichen Arbeitens.

Für den Autor steht fest: „Spaß machen darf das alles [das wissenschaftliche Arbeiten; Erläuterung von uns] auch" (Krämer 1999, S. 14).

---

[55] Umstritten sind Rechtschreib- oder Grammatikfehler der AutorInnen: Eine Möglichkeit ist, sie inkl. Fehler zu zitieren mit dem Zusatz [Fehler i.O.] direkt dahinter. Die Zusätze [!] oder [sic] hingegen wirken eher ironisierend.

> *Hervorhebungen im Original müssen Sie entweder übernehmen[56] oder kennzeichnen, dass Sie eine Hervorhebung weggelassen haben. Wenn Sie selbst eine Passage in einem Zitat hervorheben, so müssen Sie dies angeben.*

Einige Beispiele:

Dem Verhältnis von „*Wissenschaft und Wahrheit*" (Krämer 1999, S. 15; Hervorhebung im Original) ist in diesem Handbuch ein weiterer Abschnitt gewidmet.

„Wissenschaft und Wahrheit" sind für Krämer (1999, S. 15; im Original hervorgehoben) nicht gleichzusetzen.

Der Autor unterstreicht, dass „die Regeln der akademischen Kunst [...] für *alle* wissenschaftlichen Arbeiten dieselben" sind (Krämer 1999, S. 14; Hervorhebung von uns[57]).

> *Direkt zitiert man, wenn es auf den genauen Wortlaut ankommt oder man es in eigenen Worten nicht annähernd so treffend formulieren kann. Ein Nachteil ist jedoch, dass sich der Text weniger flüssig lesen lässt, von daher sollten Sie sparsam mit direkten Zitaten umgehen und stattdessen indirekt zitieren. Ein indirektes Zitat liegt vor, wenn man sich auf eine Textstelle bezieht, sie aber umformuliert hat.[58] Der Quellenbeleg ist dann mit „vgl." einzuleiten, auch hier geben Sie die genaue Fundstelle der Aussage, also die Seite(n) an.*

Ein Beispiel:

Für den Autor besagt eine der Grundregeln wissenschaftlichen Arbeitens, zwischen Tatsachen und Meinungen strikt zu trennen (vgl. Krämer 1999, S. 14). Dies schließt die Forderung ein, zwischen eigenen und fremden Meinungen sowie Vermutungen zu unterscheiden.

---

[56] Nicht unbedingt in derselben Hervorhebungs*art*: Sie können z.B. Unterstreichungen oder Fettdruck im Original durch eine Kursivschreibung ersetzen, wenn dies besser zu dem Schriftbild Ihrer Arbeit passt. Die im Folgenden verwendeten Zusätze können Sie auch abkürzen: „Herv. i.O." für „Hervorhebung im Original" oder „i.O. herv." für „im Original hervorgehoben".

[57] Statt „von mir/uns" können Sie auch Ihre Initialen anfügen. Aber bitte schreiben Sie nicht: Hervorhebung des Autors/des Verfassers, weil dann der Bezug unklar ist (Ist der Verfasser des zitierten Textes gemeint oder Sie selbst als Verfasser der Arbeit?).

[58] Sie sollten dann aber nicht nur ein einzelnes Wort ersetzen oder Haupt- und Nebensatz vertauschen, sondern die Aussage(n) möglichst ganz in eigenen Worten formulieren.

Eine Seitenangabe ist obligatorisch, wenn Sie sich auf einzelne Aussagen aus einem Text beziehen. Sie kann bzw. muss lediglich entfallen, wenn es sich um Aussagen aus einem noch nicht veröffentlichten Text handelt, wenn also die Seitenzahlen noch nicht feststehen (für eine weitere Ausnahme – nämlich Texte aus dem Internet ohne Seitenangaben – vgl. den Abschnitt 1.2.2.3). Auf einen ganzen Text oder ein Konzept, das in ihm dargestellt wird, können Sie sich allerdings auch ohne Seitenangabe beziehen.[59]

Ein Beispiel:

In Anlehnung an Krämer (1999) sollen hier einige Grundregeln zum Verfassen wissenschaftlicher Arbeiten dargestellt werden.

Wenn eine Aussage auf mehrere AutorInnen zutrifft, wenn z.B. mehrere eine Einschätzung teilen, empfiehlt sich ein Mehrfachbeleg.

Einige Beispiele:

In Handbüchern zum wissenschaftlichen Arbeiten wird insbesondere hervorgehoben, dass Aussagen nachvollziehbar und überprüfbar sein sollen (vgl. z.B. Krämer 1999, S. 14; Eco 2000, S. 44; Nienhüser/Magnus 1998, S. 1).

In Handbüchern zum wissenschaftlichen Arbeiten wird ein Grundbestand an „Regeln der akademischen Kunst" (Krämer 1999, S. 14) dargeboten, deren Einhaltung von jeder Art wissenschaftlicher Arbeit zu erwarten ist (vgl. auch Eco 2000, S. 45).

Statt eines Mehrfachbelegs können Sie sich in solch einem Fall wie dem obigen, also bei Aussagen, über die sich im Grunde alle AutorInnen einig sind, auf eine einschlägige Quelle beschränken. Schreiben Sie in diesem Fall „vgl. z.B. ..." oder „vgl. für viele ...".

Ein Beispiel:

In Handbüchern zum wissenschaftlichen Arbeiten wird insbesondere hervorgehoben, dass Aussagen nachvollziehbar und überprüfbar sein sollen (vgl. für viele Krämer 1999, S. 14).

---

[59] In manchen Fachzeitschriften werden Sie auch Belege für einzelne Aussagen ohne Seitenangabe finden. Dies wäre in Ihrer wissenschaftlichen Arbeit ein Formfehler.

> *Aus zweiter Hand sollten Sie nur in Notfällen zitieren; wenn die Originalquelle z.B. aufgrund ihres Alters nicht zugänglich ist. Wenn Sie dies tun, so geben Sie aber unbedingt beide Quellen im Literaturverzeichnis an.*

Ein Beispiel:

„In the world of honest scholarship, no rule is more revered than the citation" (Varma 1996, S. 7D, zit. nach Krämer 1999, S. 184, dort hervorgehoben).[60]

2.4.3 Das Literaturverzeichnis als Quellendokumentation

Alle Quellen, die Sie verwendet bzw. genauer: auf die Sie sich in Ihrer Arbeit ausdrücklich bezogen haben, nehmen Sie in ein Literaturverzeichnis am Ende der Arbeit auf, um den LeserInnen die Möglichkeit zu geben, diese Quellen nachzulesen. Daher müssen hier alle Angaben verzeichnet werden, die den Text auffindbar machen. Welche dies sind, ist von der Art der Publikation abhängig.

In Abbildung finden Sie Beispiele für die jeweils notwendigen Angaben.

Bücher: *AutorIn, Vorname (Erscheinungsjahr): Titel, Aufl. (ab der 2.), Verlagsort.*

Becker, Howard S. (1994): Die Kunst des professionellen Schreibens. Ein Leitfaden für die Geistes- und Sozialwissenschaften, Frankfurt a.M./New York.

Gaugler, Eduard/Weber, Wolfgang (Hg.) (1992): Handwörterbuch des Personalwesens, 2. Aufl., Stuttgart.

Stary, Joachim/Kretschmer, Horst (1994): Umgang mit wissenschaftlicher Literatur. Eine Arbeitshilfe für das sozial- und geisteswissenschaftliche Studium, Frankfurt a.M.

Aufsätze aus Herausgeberbänden: *AutorIn, Vorname (Erscheinungsjahr): Aufsatztitel, in: HerausgeberIn, Vorname (Hg.): Titel, ggf. Aufl., Verlagsort, Anfangs- u. Endseite des Aufsatzes.*

Krell, Gertraude (1999): Geschichte der Personallehren, in: Lingenfelder, Michael (Hg.): 100 Jahre Betriebswirtschaftslehre in Deutschland, München, S. 125-139.

Wächter, Hartmut (1992): Vom Personalwesen zum Strategic Human Resource Management, in: Staehle, Wolfgang H./Conrad, Peter (Hg.): Managementforschung 2, Berlin/New York, S. 313-340.

Abbildung 6: Belegbeispiele für das Literaturverzeichnis (wird fortgesetzt)

---

[60] In manchen Aufsätzen oder Büchern wird bei solchen Zitaten aus zweiter Hand nur der Name des Autors oder der Autorin genannt und nicht der Beleg für die Primärquelle; und zwar insbesondere dann, wenn solche Zitate (wie auch in dem hier von Krämer 1999, S. 184 zitierten Beispiel), als Motto eines Abschnitts dienen. In Ihrer wissenschaftlichen Arbeit ist der Quellenbeleg aber notwendig.

Aufsätze aus Zeitschriften: *AutorIn, Vorname (Erscheinungsjahr): Aufsatztitel, in: Zeitschriftentitel, Jahrgang, Heftnummer, Anfangs- u. Endseite des Aufsatzes.*

Kieser, Alfred (1996): Moden & Mythen des Organisierens, in: Die Betriebswirtschaft, 56. Jg., Heft 1, S. 21-39.

o.V. (2002): Richtig finden, in: test Spezial Internet. Wegweiser für Surfer, Stiftung Warentest, o. Jg., Oktober 2002, S. 35-38.

Zeitungsartikel: *AutorIn, Vorname (Erscheinungsjahr): Titel des Artikels, in: Zeitungstitel, Erscheinungstag, Anfangs- u. Endseite des Artikels.*

Varma, Kavita (1996): Footnotes in Electronic Age: Scholars Struggle to Main-tain Standards in Cyberspace, in: USA Today, 7. Februar 1996, S. 7D.

Internetquellen: *AutorIn, Vorname bzw. Institution (Jahr der Einstellung): Titel, Internetadresse (Datum der eigenen Internetrecherche).*

Consortium for Research on Emotional Intelligence in Organizations (o.J.): The Emotional Competence Framework, http://www.eiconsortium.org/research/emotional_competence_framework.htm (18.03.2003).

Abbildung 6: Belegbeispiele für das Literaturverzeichnis (fortgesetzt)

Hier sind einige Alternativen möglich:

- In anderen Leitfäden finden Sie auch andere Versionen bezüglich der Komma- und Punktsetzung in Literaturangaben, z.B. kein schließender Punkt, Punkt statt Komma nach Buch- oder Aufsatztiteln etc. Teilweise wird auch gefordert, Buch- und Aufsatztitel typographisch zu unterscheiden. Für welche Version Sie sich entscheiden, steht Ihnen frei. Wichtig ist nur, dass Sie alle Angaben einheitlich gestalten.

- Sie können die *Vornamen* der AutorInnen auch abkürzen, dann aber durchgängig.

- Bei *Herausgeberbänden* können Sie statt „Hg." (HerausgeberIn/nen) auch die Abkürzung „Hrsg." verwenden. Teilweise werden in Buchform erscheinende Periodika in der Belegweise unterschieden von Herausgeberbänden. So könnten Sie z.B. den Aufsatz von Wächter (1992) auch folgendermaßen aufführen:

  Wächter, Hartmut (1992): Vom Personalwesen zum Strategic Human Resource Management, in: Managementforschung 2, hg. von Wolfgang H. Staehle und Peter Conrad, Berlin/New York, S. 313-340.

  Nicht periodisch erscheinende Herausgeberbände (wie z.B. Krell 2001c) sollten aber nicht in dieser Form belegt werden. Der Vereinfachung halber können Sie beide Arten von herausgegebenen Büchern wie in Abbildung 6 angegeben behandeln.

- Bei *mehreren AutorInnen* eines Buches oder Aufsatzes nennen Sie im Literaturverzeichnis bitte alle Namen. Im laufenden Text nennen Sie bei amerikanischer Zitierweise bei zwei AutorInnen beide Namen (Stary/Kretschmer 1994,
S. 50), ab einer Zahl von drei AutorInnen haben Sie im Text die Wahl, ob Sie
alle nennen oder z.B. (Bartölke u.a. 1981, S. 13) schreiben. Im Literaturverzeichnis führen Sie jedoch alle AutorInnen auf.

- Im Literaturverzeichnis können Sie sich bei *mehr als zwei Verlagsorten* auf
den ersten beschränken, also z.B. „New York u.a." schreiben. Statt „u.a." (und
andere) können Sie auch „et al." (et alea) verwenden.

- Hat eine Veröffentlichung *keinen Verlagsort*, wie es bei Schriftenreihen von
Universitäten oder anderen Institutionen die Regel ist, so ergänzen Sie stattdessen den Druckort. Den Titel der Schriftenreihe und die Exemplarnummer
geben Sie dabei in Klammern an. Ein Beispiel:

  Haehling von Lanzenauer, Christoph/Huesmann, Monika (2002): Gestern,
  Heute und kein Morgen. Der schnelle Aufstieg und rasante Niedergang
  von TQM (Diskussionsbeiträge des Fachbereichs Wirtschaftswissenschaft der Freien Universität Berlin Nr. 2002/1), Berlin.

- Bei Büchern wird es immer üblicher, zusätzlich den *Verlag*[61] zu nennen, wie
wir es im Literaturverzeichnis dieses Leitfadens getan haben. Das müssen Sie
nicht tun. Wenn Sie sich dafür entscheiden, dann bitte wie immer durchgängig.

- Auch die *Reihe*, in der ein Buch erschienen ist, kann – muss aber nicht – mit
aufgenommen werden. Wenn Sie sich dafür entscheiden, dann fügen Sie die
Reihenangabe in Klammern hinter dem Titel ein, und zwar wie im folgenden
Beispiel (für weitere vgl. z.B. die Belege zu Neuberger 1994 oder Krell/Ort-
lieb 1999 im Literaturverzeichnis dieses Leitfadens).

  Emmerich, Astrid (2001): Führung von unten. Konzept, Kontext und Prozess
  (Reihe Betriebliche Personalpolitik, hg. von Gertraude Krell), Wiesbaden.

---

[61] Und zwar in der Form „Ort: Verlag". Dabei ist es üblich, nur die (auch in der CIP-
Einheitsaufnahme verwendete) Kurzform des Verlagnamens zu nennen, z.B. „Hampp"
statt „Rainer Hampp Verlag". Wenn eine Veröffentlichung nicht in einem Verlag erschienen ist, wie z.B. dieser Leitfaden oder auch derjenige von Nienhüser und Magnus
(1998), dann ergänzen Sie hinter dem Ort „o.Verlag".

Nun noch einige generelle Regeln, die das Literaturverzeichnis betreffen:

- In Ihrem Verzeichnis ordnen Sie *alle Quellen alphabetisch* nach dem Nachnamen der AutorInnen (und nicht zusätzlich nach Art der Publikation). Hat ein Text *keine(n) VerfasserIn*, so schreiben Sie wie in Abbildung 6 beispielhaft aufgeführt „o.V." (ohne VerfasserIn) und sortieren diese Quelle ebenso alphabetisch ein.

- Ist ein Text im Namen einer *Institution* verfasst, wie z.b. Consortium for Research on Emotional Intelligence in Organizations (o.J.), so sortieren Sie diese ebenso alphabetisch ein. Bei besonders langen Institutionsnamen können Sie sich bei dem Quellenbeleg im laufenden Text für eine *Kurzform* entscheiden, z.B. „(vgl. Consortium o.J.)". Im Literaturverzeichnis führen Sie dann zunächst diese Kurzform auf und setzen in Klammern die gesamte Bezeichnung dahinter. An unserem Beispiel würde das folgendermaßen aussehen:

  Consortium (for Research on Emotional Intelligence in Organizations) (o.J.): The Emotional Competence Framework, http://www.eiconsortium.org/ research/emotional_competence_framework.htm (18.03.2003).[62]

- Wenn Sie *mehrere Quellen eines Autors bzw. einer Autorin* verwenden, so sortieren Sie diese chronologisch nach dem Erscheinungsjahr der jeweiligen Publikation.

- Verwenden Sie mehrere Quellen eines Autors oder einer Autorin *aus demselben Jahr*, so unterscheiden Sie diese mit Hilfe von Buchstaben – also z.B. 1998a, 1998b – sowohl im laufenden Text als auch im Literaturverzeichnis.

- Ebenso verfahren Sie, wenn eine Quelle *kein Erscheinungsjahr* hat (dies kann z.B. bei Lose-Blatt-Sammlungen oder bei Internetquellen der Fall sein): Sie kennzeichnen diese Quellen mit „o.J." (ohne Jahr). Wenn es mehrere Quellen des gleichen Autors oder der gleichen Autorin sind, unterscheiden sie diese mit „o.J.a", „o.J.b" etc.

- Wenn Sie sowohl Quellen verwenden, die von einem Autor oder einer Autorin *allein verfasst* wurden, als auch Texte, die er oder sie *zusammen mit anderen verfasst* hat, so führen Sie zunächst chronologisch die Monographien bzw.

---

[62] Grundsätzlich sollten Sie in ihrem Text und auch im Literaturverzeichnis Silbentrennungen vornehmen. Da bei Internetadressen jedes Zeichen (/_. etc.) wichtig ist, sollten Sie diese entweder – wie z.B. in Abbildung 6 – in einer Zeile belassen oder wie hier an geeigneter Stelle durch ein Leerzeichen trennen, nicht jedoch mit einem Trennstrich.

Einzelbeiträge auf und danach die gemeinsam mit anderen verfassten Texte. Sind auch dies mehrere Quellen, sortieren Sie wiederum alphabetisch nach dem zweiten Nachnamen und so fort.

- Wenn Ihnen *im Erscheinen* begriffene Quellen zur Verfügung gestellt wurden, dann nehmen Sie diese wie folgt ins Literaturverzeichnis auf: Bei einem Aufsatz schreiben Sie nach dem Titel „erscheint in:" statt „in:" und lassen die Seitenangaben weg (da diese noch nicht bekannt sind). Bei einem Buch ergänzen Sie „(im Druck)" nach der Ortsangabe bzw. der Verlagsangabe, wenn Sie diese machen. Wenn auch das Jahr der Veröffentlichung noch nicht feststeht, so beginnen Sie die Literaturangabe mit „Name, Vorname (in Vorbereitung)" und zitieren diese Quelle auch entsprechend in Ihrem Text, so wie wir es in Fußnote 50 mit der Quelle „Krell (in Vorbereitung)" gemacht haben.

Und noch einmal: Entscheiden Sie sich für eine Belegweise (z.B. abgekürzter oder ausgeschriebener Vorname; Nennung des Erscheinungsortes plus Verlag oder nur des Ortes; u.a. oder et al.; Komma oder Punkt nach Titeln) und verwenden Sie diese dann einheitlich und durchgängig.

2.5 Weitere Formalien

Zunächst zum Umfang von wissenschaftlichen Arbeiten, die im Arbeitsbereich Personalpolitik des Instituts für Management betreut werden: Hausarbeiten im Rahmen des Veranstaltungstyps Vorlesung/Übung werden prinzipiell allein geschrieben; Sie erhalten hierfür (je nach Anzahl der zu erzielenden Bonuspunkte) eine Vorgabe für die maximale Wörterzahl. Seminararbeiten zum Erwerb von vier Bonuspunkten sind pro Person maximal 15 Textseiten lang, Diplomarbeiten maximal 60 Textseiten und wissenschaftliche Hausarbeiten (Staatsexamen) maximal 70 Textseiten.[63] Inhalts- und Literaturverzeichnis sowie Anhänge werden dabei nicht mitgezählt. Die Überschreitung der vorgegebenen Wörter- bzw. Seitenzahl werten wir als formalen Fehler.

Einige weitere Hinweise zur Form Ihrer wissenschaftlichen Arbeit seien hier noch angeführt.

---

[63] Die Lehramtsprüfungsordnung schreibt maximal 80 Textseiten vor. Wir geben – zu Zwecken der besseren Vergleichbarkeit mit Diplomarbeiten – 70 Seiten als Richtzahl vor.

- *Formatieren* Sie Ihre Arbeit bitte 1,5-zeilig in Schriftgröße 12, vorzugsweise im Blocksatz. Lassen Sie das Trennprogramm durchlaufen; damit sparen Sie Platz und vermeiden störende Zwischenräume beim Blocksatz bzw. stark variierende Zeilenlängen bei linksbündiger Formatierung. Wählen Sie keine zu ausgefallene Schrift; empfehlenswert sind z.B. Arial, Garamond oder (das hier verwendete) Times New Roman.

- Richten Sie den *Seitenrand* so ein, dass die Bindung nicht Ihren Text verdeckt und die übrigen Ränder als solche erkennbar sind (z.B. links vier Zentimeter, oben, unten und rechts jeweils drei Zentimeter).

- Die *Seitennummerierung* sollte für Text und Literaturverzeichnis fortlaufend vorgenommen werden. Sie können selbst entscheiden, ob Sie das Inhaltsverzeichnis als erste Seite zählen oder erst die Einleitung auf Seite 1 beginnen lassen. Letzteres wird häufig gemacht, wenn das Inhaltsverzeichnis zwei oder mehr Seiten umfasst und z.B. noch ein Abkürzungsverzeichnis[64] vorangestellt wird. In diesem Fall können Sie die Seiten vor der Einleitung z.B. mit Buchstaben oder römischen Ziffern nummerieren. Auch wenn Sie am Schluss der Arbeit Anhänge hinzufügen, können Sie deren Seitennummerierung entsprechend variieren.[65]

- *Fußnoten* nummerieren Sie bitte fortlaufend.

- Wenn Sie *Tabellen* und/oder *Abbildungen* verwenden, so nummerieren Sie diese ebenso fortlaufend. Geben Sie der Tabelle bzw. Abbildung jeweils einen Titel und nennen Sie ggf. die Quelle. Ans Ende des Inhaltsverzeichnisses oder vor das Literaturverzeichnis können Sie dann ein (Tabellen- und/oder Abbildungs-)Verzeichnis stellen, in dem Sie die laufende Nummer angeben, den Titel (den Sie im Verzeichnis aus Platzgründen auch in einer Kurzform wiedergeben können) und die jeweilige Seitenzahl, auf der die Tabelle oder Abbildung zu finden ist.

---

[64] Dies ist z.B. dann sinnvoll, wenn Sie viele Gesetzestexte verwenden und deren Bezeichnung im Text nicht ausschreiben wollen. Geläufige Abkürzungen wie „z.B.", „Hg." oder „Hrsg." können Sie auch ohne Erläuterung benutzen. Andere Abkürzungen wie z.B. das hier verwendete „EI" für Emotionale Intelligenz sollten Sie im Text einführen und nicht in einem Abkürzungsverzeichnis.

[65] Anhänge müssen nicht zwingend nummeriert werden. Wenn das Material, das Sie im Anhang beifügen, bereits eine Seitennummerierung hat (wie z.B. manche Texte aus dem Internet, ein eigener Fragebogen o.Ä.), so wäre dies sogar eher verwirrend.

- Wichtige Punkte zum *Format des Inhaltsverzeichnisses* haben wir bereits unter 2.2.2 beschrieben. Speziell zum *Anhang*: Umfasst Ihr Anhang mehrere Anlagen (z.b. verschiedene Internetquellen), so kann es sinnvoll sein, eine Seite voranzustellen, auf der Sie diese Anlagen auflisten.

- Bei *Gruppenarbeiten* kennzeichnen Sie bitte, wer welchen Teil verfasst hat; dies schreibt die Prüfungsordnung vor.

- Speziell für Diplomarbeiten haben wir je ein Musterbeispiel für ein *Deckblatt* und die beizufügende *Selbständigkeitserklärung* im Anhang dieses Leitfadens aufgenommen.

- Von einer korrekter *Rechtschreibung und Grammatik* gehen wir aus. In Zweifelsfällen sind die entsprechenden Dudenveröffentlichungen gute Hilfsmittel. Ebenso ratsam ist, wie schon an anderer Stelle erwähnt, die Arbeit von anderen Personen Korrektur lesen zu lassen.

2.6 Das Manuskript überarbeiten

Nun zu einem wichtigen Punkt, der unserer Erfahrung nach allzu oft ein wenig vernachlässigt bzw. in seinem zeitlichen Ausmaß (vgl. dazu 2.7) unterschätzt wird. Das Manuskript – mehrmals während und insbesondere am Ende Ihres Arbeitsprozesses – zu überarbeiten, ist aus verschiedenen Gründen notwendig:

- Wenn Sie eine Gruppenarbeit (zu zweit oder mit mehreren Personen) erstellen und die Bearbeitung der Abschnitte aufteilen, so sollten Sie am Ende gemeinsam eine Arbeit ‚aus einem Guss‘ daraus machen.

- Gleiches gilt, wenn Sie die einzelnen Abschnitte zu Ihren Gliederungspunkten separat und nicht chronologisch bearbeiten und überarbeiten. (Dies haben wir Ihnen schließlich unter 2.3.3 empfohlen: Beginnen Sie ruhig bei den Abschnitten, die Ihnen am leichtesten fallen oder die Sie am meisten interessieren; dann werden Ihnen vielleicht auch andere Abschnitte leichter von der Hand gehen.)

- Aber auch, wenn Sie Ihre Gliederungspunkte nacheinander ‚abarbeiten‘, ist eine Überarbeitung notwendig: Ihr Schreibprozess wird sich über mehrere Wochen oder Monate hingezogen haben, und Sie werden am Ende nicht mehr genau wissen, was genau und auch wie Sie am Anfang geschrieben haben.

Wenn Sie Ihre Einzelabschnitte zur Endfassung zusammenführen, sollten Sie von daher überprüfen, ob der Gedankengang bzw. der rote Faden deutlich wird. Das wird er z.B., wenn es Überleitungen gibt, in denen Sie beschreiben, warum nun was folgt, wozu der vorliegende Abschnitt dient o.Ä.

Zudem müssen Sie dann die Arbeit noch einmal sorgfältig daraufhin lesen, ob es Überschneidungen gibt, ob Sie sich wiederholen,[66] ob Sie gar unterschiedliche Definitionen verwendet oder widersprüchliche Aussagen getroffen haben. Solche Stellen gilt es unbedingt zu ‚bereinigen‘.

Stellen Sie sicher, dass die Überschriften im Inhaltsverzeichnis mit den Überschriften im Text übereinstimmen und im Inhaltsverzeichnis die richtigen Seitenzahlen angegeben sind.

Überprüfen Sie insbesondere beim letzten Lesen auch, ob alle Formalien einheitlich sind, z.B. die Zitierweise im Text, die Belegweise im Literaturverzeichnis, die Beschriftungen von Abbildungen und Tabellen etc. Wie mehrfach erwähnt gibt es zu all diesen Elementen der Form einer wissenschaftlichen Arbeit unterschiedliche Möglichkeiten; Sie müssen sich aber für eine entscheiden und diese durchgängig verwenden.

Prüfen Sie zudem unbedingt Ihre Literaturliste daraufhin, ob Sie alle zitierten Texte und nur diese erfasst haben. Ergänzen Sie die fehlenden Veröffentlichungen, und streichen Sie diejenigen, die Sie zwar ursprünglich aufgelistet, auf die Sie dann aber doch nicht verwiesen haben.

3 Wichtige Merkposten zur Planung Ihrer wissenschaftlichen Arbeit

3.1 Einen Zeitplan erstellen und fortlaufend überprüfen

Dieser und auch der folgende Unterpunkt fallen aus der chronologischen Darstellung des Arbeitsprozesses heraus, um die wir uns in diesem Leitfaden bemühen. Denn mit der Überlegung, wie viel Zeit Sie für die zu erstellende wissenschaftliche Arbeit zur Verfügung haben und wie Sie dieses Zeitkontingent nutzen, sollte

---

[66] Ein ratsamer Fall von Wiederholung sind die gerade benannten Überleitungen: Bereits in der Einleitung haben Sie den Aufbau Ihrer Arbeit geschildert. Trotzdem sollten Sie die LeserInnen auch innerhalb Ihrer Arbeit noch einmal ‚an die Hand nehmen‘. Nicht wiederholen sollten Sie hingegen Definitionen, Beschreibungen, Argumente etc.

Ihr Arbeitsprozess beginnen. Wir haben diese Punkte bewusst an diese Stelle platziert, damit Sie sich beim Lesen und Überdenken der einzelnen Passagen zunächst selbst einen Eindruck von der Arbeit und der damit verbundenen Zeit verschaffen, die Sie in die einzelnen Arbeitsschritte investieren müssen.

Von daher unsere wohlgemeinte Mahnung: Erstellen Sie bereits am Anfang Ihres Arbeitsprozesses einen realistischen Zeitplan, den Sie insbesondere im Falle von Abschlussarbeiten auch mit uns abstimmen (vgl. 3.2). Besonders wichtig ist eine zeitliche Ablaufplanung im Fall von Gruppenarbeiten, da Sie hier Arbeitsschritte aufteilen und koordinieren müssen. Aber auch bei einer Einzelarbeit sollten Sie überdenken, wie viel Zeit Sie sich für die einzelnen Arbeitsschritte einräumen (können). Dabei sollten Sie unbedingt genügend Zeit für Überarbeitungsschritte (vgl. 2.6) einplanen und auch notwendige Auszeiten berücksichtigen. Auch der Zeitplan selbst wird in vielen Fällen umgestellt, angepasst und überarbeitet werden müssen; er wird Ihnen jedoch ein wichtiges Hilfsmittel sein, um den Abgabetermin einhalten zu können.

3.2 Eckpunkte der Planung und Anfertigung der Studienabschlussarbeit

Speziell für Abschlussarbeiten gibt es einige Eckpunkte, an denen Sie sich bei Ihrer Planung orientieren sollten und auf die wir im Folgenden näher eingehen:

- Erstellen, Einreichen und ggf. Überarbeiten eines Exposés,
- Erarbeiten einer Gliederung und Anmelden der Arbeit und
- Abgabe einer Leseprobe.

3.2.1 Exposé erstellen und einreichen

In jedem Semester findet ein Forschungscolloquium statt, in dem diejenigen Studierenden betreut werden, die ihre Diplomarbeit oder wissenschaftliche Hausarbeit (Staatsexamen) am Arbeitsbereich Personalpolitik schreiben. Um sich für einen Platz – und damit für die Betreuung Ihrer Abschlussarbeit – zu bewerben, müssen Sie zu Anfang Oktober bzw. Anfang April ein Exposé Ihres Arbeitsvorhabens bei uns einreichen. Den genauen Termin geben wir jeweils am Ende des vorangehenden Semesters per Aushang und auf unserer Homepage (http://www. wiwiss.fu-berlin.de/w3/w3krell/) unter „Aktuelle Informationen" bekannt. Themenvorschläge und die jeweiligen BetreuerInnen werden dort ebenfalls vermerkt. Nehmen Sie bitte einen Sprechstundentermin wahr, um Ihre Themenvorstellung mit uns abzustimmen.

Dann erstellen Sie das *Exposé*.[67] Dies sollte in etwa so aufgebaut sein, wie wir es für die Einleitung der fertigen Arbeit beschrieben haben (vgl. 2.2.2): Sie legen dar, warum Ihnen das Thema (in Bezug auf die Beschäftigung mit dem ‚Gegenstand' Personal) interessant erscheint, mit welcher Fragestellung Sie es bearbeiten möchten und wie Sie dabei vorgehen wollen. Hierzu sollten Sie sich bereits einen ersten groben Überblick über die einschlägige Literatur verschaffen (vgl. 1 und 2.4.1) und diese in das Exposé einarbeiten, z.B. grundlegende Definitionen referieren, eine kurzen Abriss dessen geben, was über Ihr Thema bekannt ist, bzw. was gerade nicht und was Sie – durch Ihre spezielle Fragestellung – beisteuern möchten. Dabei zitieren Sie die verwendeten Quellen und listen sie in einem Literaturverzeichnis auf, wie wir es oben unter 2.4.2 und 2.4.3 beschrieben haben. Anders als in der fertigen Abschlussarbeit können Sie in dem Literaturverzeichnis des Exposés auch Veröffentlichungen auflisten, die Ihnen wichtig für Ihr Thema erscheinen, die Sie aber bislang noch nicht einsehen konnten.

Mit Ihrem Exposé geben Sie uns zu erkennen, ob Sie mit den grundlegenden Regeln wissenschaftlichen Arbeitens vertraut sind; und dies ist unser wichtigstes Entscheidungskriterium über die Annahme bzw. Ablehnung ihres Arbeitsvorhabens. Rechtzeitig vor Beginn des Colloquiums werden Sie über die Annahme Ihres Exposés informiert. Sollten noch Überarbeitungen nötig sein, treffen wir mit Ihnen eine Zielvereinbarung über die Zeit, die Sie dafür zur Verfügung haben.

3.2.2 Gliederung erarbeiten und Arbeit anmelden

Ist Ihr Exposé angenommen, vereinbaren wir mit Ihnen einen Termin, zu dem Sie eine erste Feingliederung (vgl. 2.2) Ihrer Arbeit oder auch das überarbeitete Exposé und eine vorläufige Gliederung im Forschungscolloquium vorstellen und diskutieren. Nutzen Sie diese Möglichkeit, um gerade auch Unklarheiten anzusprechen

---

[67] Der erwartete Umfang des Exposés richtet sich danach, ob Sie bereits eine Seminararbeit an unserem Arbeitsbereich verfasst haben. Genauere Angaben entnehmen Sie ebenfalls dem Aushang.

und Vorschläge und Korrekturhilfen Ihrer KommilitonInnen aufzunehmen. Sobald die Gliederung mit Ihrer Betreuerin oder Ihrem Betreuer weitgehend abgestimmt ist, sollten Sie die Arbeit beim Prüfungsamt (Diplom) bzw. Landesprüfungsamt (Staatsexamen) anmelden. Für eine Diplomarbeit haben Sie ab diesem Zeitpunkt gemäß DPO 2000 noch vier Monate zur Verfügung. Für wissenschaftliche Hausarbeiten (Staatsexamen) wird Ihnen eine Frist von drei Monaten eingeräumt.

3.2.3 Leseprobe einreichen

Wenn Sie in Ihrem Arbeitsprozess weiter vorangeschritten sind, vereinbaren wir mit Ihnen einen weiteren Termin, zu dem Sie die Gelegenheit haben, der betreuenden Person eine Leseprobe im Umfang von fünf Seiten Ihrer entstehenden Abschlussarbeit vorzulegen. Wenn Sie im DiplomandInnencolloquium einen entsprechend späten Präsentationstermin haben, so kann statt der Gliederung auch diese Leseprobe dort vorgestellt und diskutiert werden. Die Korrekturen und Anmerkungen der Betreuerin bzw. des Betreuers und ggf. der KommilitonInnen dienen nicht einer ersten Bewertung der Arbeit, sondern sollen Ihnen eine Hilfestellung zur Überarbeitung geben.

4 Die Arbeit präsentieren

Im Rahmen personalpolitischer Seminare und im Forschungscolloquium wird von Ihnen gefordert, Auszüge oder Ergebnisse Ihrer Arbeit zu präsentieren. Die Hausarbeiten, die Sie im Rahmen des Veranstaltungstyps Vorlesung/Übung schreiben, werden nicht präsentiert. Wir werden im Folgenden insbesondere auf Referate eingehen, die im Rahmen personalpolitischer Seminare gehalten werden, denn dort fließt laut DPO nicht nur die Seminararbeit, sondern auch deren Präsentation in die Benotung ein. Die Tipps, die wir Ihnen im Folgenden geben, können jedoch ebenso für Präsentationen anderer Art hilfreich sein.

Was können Sie also tun, damit Ihre Präsentation gut gelingt?

- Da Ihnen nur begrenzte Zeit für Ihren Vortrag zur Verfügung steht (wie viel, wird im jeweiligen Seminar geklärt), wird es zunächst notwendig sein, die Arbeit für die Präsentation zu kürzen. Inhaltlich bietet sich bei Seminaren dafür meist die Einführung ins Seminarthema an, die zwar für jede der verfassten Arbeiten notwendig ist, bei den Referaten jedoch zu Überschneidungen führen würde.

- Vortragen ist etwas anderes als Schreiben und vor allem ist Hören etwas anderes als Lesen. Die ZuhörerInnen haben den Text nicht vor sich und können nicht wie beim Lesen zurückblättern, wenn ihnen eine Stelle unklar ist. Daher sollten Sie Ihren Text in ein Vortragsmanuskript umformulieren – in Sätze, die Sie so auch sprechen können und denen man beim Zuhören folgen kann. Am besten sprechen Sie sich den Text auch laut vor (vgl. unten); dann bemerken Sie oft erst, was zwar geschrieben gut formuliert ist, sich aber so nur schwierig vortragen lässt.

- Ebenso wie die Arbeit sollte der Vortrag eine Gliederung haben bzw. strukturiert sein. Für Ihr Publikum ist es hilfreich, wenn Sie diese Struktur zunächst (z.B. anhand einer Folie) darlegen. Dies muss nicht in der Form Einleitung – Hauptteil – Schluss geschehen, sondern es können auch Thesen sein, die Sie nacheinander präsentieren und mit Inhalt füllen. Statt eines Fazits oder zusätzlich können Sie auch Fragen aufwerfen, die dann anschließend im Plenum diskutiert werden.

- Den roten Faden müssen Sie beibehalten und stärker noch als in der Arbeit immer wieder darauf hinweisen: Auch wenn Ihnen selbst der Text und der rote Faden inzwischen absolut klar sind, müssen Sie bedenken, dass die Ausführungen für die meisten anderen absolutes Neuland sein werden. Hilfreich sind kurze Zusammenfassungen nach einzelnen Abschnitten.

- Um die ZuhörerInnen bei der Stange zu halten, helfen z.B. Overheadfolien, auf denen die Kernaussagen stehen. Und wirklich nur die: Bei zu vielen Folien ist es den ZuhörerInnen genauso schwierig zu folgen wie bei gar keinen. Wählen Sie eine große Schrift, die im ganzen Raum lesbar ist[68] und überladen Sie Ihre Folien nicht. Ein Tipp: Probieren Sie den Projektor oder Ihre Power Point

---

[68] Als Schriftgröße sollten Sie i.d.R. mindestens 18 pt wählen, besser mehr; als Schriftart empfiehlt sich eine serifenlose Schrift wie z.B. Arial.

Präsentation im Vorfeld aus. Aber auch die Tafel ist ein gutes Hilfsmittel, um Kernaussagen präsent zu halten.

- Auch weitere Formen der Visualisierung sind denkbar: Bilder, Zeichnungen oder eventuell ein kurzes illustrierendes Rollenspiel; Ihrer Kreativität sind hier keine Grenzen gesetzt (lediglich materielle und zeitliche).
- Versuchen Sie, möglichst frei zu sprechen, nicht *ohne* Unterlagen, aber eben nicht nur abzulesen. Dafür können Sie z.b. nummerierte Karteikarten benutzen oder auch DIN-A4 Blätter. Was Sie am besten selbst ausprobieren, ist, ob Sie Ihren Vortragstext ausformuliert vor sich brauchen, um sich sicher zu fühlen oder ob Sie sich nur Stichworte machen, um das freie Sprechen zu unterstützen. Aber auch der Vortrag eines ausformulierten Textes muss nicht abgelesen klingen. Sie können z.b. mit Textmarker die wichtigen Stellen hervorheben, um auch mal die Augen heben zu können und anschließend die richtige Stelle wieder zu finden.

Dies ist auch wichtig: Trotz allen Lampenfiebers, das Sie vielleicht haben, versuchen Sie, die Augen zu heben und in die Runde zu schauen oder auch direkten Blickkontakt zu suchen. Das wirkt nicht nur souverän, sondern es macht Sie sicherer – wenn Sie nämlich jemand anlächelt oder gar jemand bestätigend nickt, so wird Sie das im Weiteren beflügeln.

- Proben ist unerlässlich!

Zum einen stellen Sie oftmals Unklarheiten erst fest, wenn Sie den Vortrag einem Publikum (auch ruhig einem imaginärem) halten. Zum anderen können Sie nur so Ihre Zeiteinteilung überprüfen. Wenn Ihr Vortrag noch zu lange dauert, haben Sie zwei Möglichkeiten: schneller zu sprechen (nicht so gut) oder den Vortrag zu kürzen (besser).

Das Hochschauen, das Einhalten effektvoller Sprechpausen und das Folienwechseln sollten Sie gleich mit einüben. Übrigens berichten manche von großartigen Erfolgen von Proben vor einem Spiegel; auch Hund, Katze oder geduldige FreundInnen sollen hierbei schon gute Dienste geleistet haben.

- Versuchen Sie, eine positive Einstellung zu entwickeln. Sehen Sie den Vortrag nicht als notwendiges Übel an, sondern als Chance, Ihre rhetorischen Fähigkeiten auszuprobieren und zu verbessern. Schließlich werden Sie sich auch im beruflichen Leben dieser Anforderung stellen müssen.

5 Statt eines Fazits

Einen wichtigen Punkt möchten wir abschließend noch ergänzen: Wir sind an verschiedenen Stellen dieses Leitfadens auf verschiedene mögliche Perspektiven auf Themen eingegangen, wie z.B. programmatische Orientierungen, wissenschaftstheoretische Positionen etc. Wenn Sie mit Ihrem Studium der Besonderen Betriebswirtschaftslehre, deren Gegenstand das Personal ist, nicht gerade erst beginnen, so wissen Sie bereits, dass wir die Bezeichnung „Personalpolitik" als Ausdruck einer bestimmten programmatischen Orientierung verstehen. Die Bezeichnung „Personalpolitik" soll den Blick darauf lenken,

- dass Unternehmen und andere Organisationen nicht nur ökonomische, sondern auch gesellschaftliche – und damit interessenpluralistische – Gebilde sind;

- dass es sich bei den Beschäftigten im Gegensatz zu den sachlichen Produktionsfaktoren um Menschen mit Bedürfnissen, Interessen und Rechten handelt und diese deshalb nicht nur Objekte, sondern auch AkteurInnen der betrieblichen Personalpolitik sind;

- dass die konkrete Ausgestaltung personalpolitischer Konzepte und Instrumente Ergebnis von interessengeleiteten (Ver-)Handlungen unterschiedlicher AkteurInnen ist.

Sie wissen auch, dass neben „Personalpolitik" einige andere Etiketten für dieses Fach existieren (Personalwesen, -wirtschaft, -management), die über unterschiedliche Sichtweisen Auskunft geben, indem sie jeweils andere Bilder vom ‚Personal' konstruieren, verbunden mit ebenfalls unterschiedlichen Perspektiven auf das Verstehen und Gestalten von Personalarbeit als organisationaler Praxis (vgl. hierzu Krell 1996a; Krell 1999; Wächter 1992).

Warum gibt es überhaupt unterschiedliche wissenschaftliche Orientierungen und so viele verschiedene Theorien und Methoden? Um das zu illustrieren, wird häufig, so auch von Kieser (1995) in seiner „Anleitung zum kritischen Umgang mit Organisationstheorien",[69] die Geschichte der sechs blinden Männer erzählt:

> „Sechs blinde Männer stoßen auf einen Elefanten. Der eine faßt einen Stoßzahn und meint, die Form des Elefanten müsse die eines Speeres sein. Ein anderer ertastet den Elefanten von der Seite und behauptet, er gleiche eher einer Mauer. Der dritte fühlt ein Bein und verkündet, der Elefant habe große Ähnlichkeit mit einem Baum. Der vierte ergreift den Rüssel und ist der Ansicht, der Elefant gleiche einer Schlange. Der fünfte faßt an ein Ohr und vergleicht den Elefanten mit einem Fächer; und der sechste, welcher den Schwanz erwischte, widerspricht und meint, der Elefant sei eher so etwas wie ein dickes Seil" (ebd., S. 1).

So ähnlich ergeht es den wissenschaftlich Forschenden – also auch Ihnen in Ihrer wissenschaftlichen Arbeit, wenn Sie das Geschehen in Organisationen analysieren: Sie werden immer nur bestimmte Aspekte ‚zu packen' bekommen, und welche dies sind, wird maßgeblich durch die Wahl Ihrer Fragestellung, einer bestimmten Theorie, Methode oder Perspektive bestimmt. Wenn Sie sich ein biss chen näher mit den damit verbundenen wissenschaftstheoretischen Fragen auseinander setzen, so werden Sie feststellen, dass es durchaus widerstreitende Meinungen dazu gibt, welche Position eingenommen werden sollte, ob verschiedene Positionen miteinander vereinbar sind etc.

Unsere Einstellung hierzu ist eine ausdrücklich „multiparadigmatische": Wir denken, dass wissenschaftliches Forschen nicht bedeutet, nach der einen einzigen Wahrheit zu suchen. Vielmehr sind wir der Überzeugung, dass wissenschaftliche Analysen mithilfe der verschiedensten Theorien und Methoden bzw. aus unterschiedlichsten Perspektiven und Orientierungen jeweils einen Beitrag dazu leisten können, soziale Phänomene umfassender zu erklären bzw. zu verstehen. Barbara Czarniawska (1999)[70] liefert ein hierzu passendes Bild: Sie zeigt, dass das Arbeiten in Organisationen mit dem Verhandeln auf einem bunten Basar verglichen werden kann (vgl. ebd.: S. 100 ff.). Wollen wir dieses bunte Treiben beschreiben und analysieren, so würde es ihm kaum gerecht, suchten wir die einzige allge-

---

[69] Dieser Aufsatz von Kieser (1995) sei Ihnen empfohlen, wenn Sie sich eingehender mit der Frage nach unterschiedlichen wissenschaftlichen Orientierungen beschäftigen wollen.
[70] Auch dieses Buch sei Ihnen wärmstens empfohlen: Czarniawska (1999) vergleicht verschiedene wissenschaftliche Sichtweisen, indem Sie – äußerst anregend und eindrücklich – die Managementforschung als literarisches Genre analysiert (und sie insbesondere zu Kriminalgeschichten in Beziehung setzt).

meingültige Sprache (bzw. Theorie, Methode ...) mit der sich dies am besten bewerkstelligen ließe. Im Gegenteil: Die Frage ist, ob es so eine Sprache überhaupt geben kann.

Wir fordern Sie also auf, Ihre eigene Sprache zu finden, sich Ihre Meinung zu bilden, sich eine wissenschaftliche Herangehensweise auszuwählen, die Ihnen liegt und die Sie selbst überzeugt. Dabei werden wir Sie gern beratend unterstützen; dies ist auch eines der Anliegen dieses Leitfadens.

Letztlich hoffen wir, Ihnen mit diesem Leitfaden nicht nur einige Hilfestellungen beim wissenschaftlichen Arbeiten gegeben zu haben, sondern Ihnen auch das nahe gebracht zu haben, was Umberto Eco (2000, S. 3) in seinem Handbuch verdeutlichen möchte, nämlich:

> „daß man das Schreiben [... einer wissenschaftlichen Arbeit; Erläuterung von uns] dazu benutzen kann, die positiven und weiterführenden Seiten eines Studiums kennenzulernen – nicht im Sinne einer Anhäufung von Wissen, sondern im Sinne der kritischen Verarbeitung einer selbstgemachten Erfahrung, der Aneignung der für das künftige Leben nützlichen Fähigkeit, sie nach bestimmten Regeln darzustellen."

Dem haben wir nichts hinzuzufügen.

Literatur

Angermüller, Johannes (2001): Diskursanalyse: Strömungen, Tendenzen, Perspektiven, in: Angermüller, Johannes/Bunzmann, Katharina/Nonhoff, Martin (Hg.): Diskursanalyse: Theorien, Methoden, Anwendungen, Hamburg: Argument, S. 7-22.

Bänsch, Axel (1999): Wissenschaftliches Arbeiten. Seminar- und Diplomarbeiten, 7. Aufl., München/Wien: Oldenbourg.

Bartölke, Klaus/Foit, Otto/Gohl, Jürgen/Kappler, Ekkehard/Ridder, Hans-Gerd/ Schumann, Ulrich (1981): Konfliktfeld Arbeitsbewertung. Grundprobleme und Einführungspraxis, Frankfurt a.M./New York: Campus.

Becker, Howard S. (1994): Die Kunst des professionellen Schreibens. Ein Leitfaden für die Geistes- und Sozialwissenschaften, Frankfurt a.M./New York: Campus.

Bernhard, Thomas (1982): Beton, Frankfurt a.M.: Suhrkamp.

Bortz, Jürgen/Döring, Nicole (2002): Forschungsmethoden und Evaluation für Human- und Sozialwissenschaftler, 3. überarb. Aufl., Berlin u.a.: Springer.

Bublitz, Hannelore/Bührmann, Andrea D./Hanke, Christine/Seier, Andrea (Hg.) (1999): Das Wuchern der Diskurse. Perspektiven der Diskursanalyse Foucaults, Frankfurt a.M./New York: Campus.

Butler, Judith (1991): Das Unbehagen der Geschlechter, Frankfurt a.M.: Suhrkamp.

Butler, Judith (1997): Körper von Gewicht. Die diskursiven Grenzen des Geschlechts, Frankfurt a.M.: Suhrkamp.

Consortium for Research on Emotional Intelligence in Organizations (o.J.): The Emotional Competence Framework, http://www.eiconsortium.org/ research/emotional_competence_framework.htm (18.03.2003).

Czarniawska, Barbara (1999): Writing Management. Organization Theory as a Literary Genre, New York: Oxford.

Diekmann, Andreas (2001): Empirische Sozialforschung. Grundlagen, Methoden, Anwendungen, 7. Aufl., Reinbek: Rowohlt.

Dreyfus, Hubert L./Rabinow, Paul (1994): Michel Foucault. Jenseits von Strukturalismus und Hermeneutik, Weinheim: Beltz Athenäum.

Eco, Umberto (2000): Wie man eine wissenschaftliche Abschlußarbeit schreibt. Doktor-, Diplom- und Magisterarbeit in den Geistes- und Sozialwissenschaften, 8. Aufl., Heidelberg: Müller (UTB).

Emmerich, Astrid (2001): Führung von unten. Konzept, Kontext und Prozess (Reihe Betriebliche Personalpolitik, hg. von Gertraude Krell), Wiesbaden: DUV.

Flick, Uwe (Hrsg.) (1995): Handbuch qualitative Sozialforschung, 2. Aufl., Weinheim: Beltz.

Foucault, Michel (1981): Archäologie des Wissens, Frankfurt a.M.: Suhrkamp.

Funck, Gisa (2000): Echt fertig! Tagebuch einer Examenskandidatin, Köln: Kiepenhauer & Witsch.

Gaugler, Eduard/Weber, Wolfgang (Hg.) (1992): Handwörterbuch des Personalwesens, 2. Aufl., Stuttgart: Poeschel.

Goleman, Daniel (1997): Emotionale Intelligenz, München: dtv.

Goleman, Daniel (1999): Der Erfolgsquotient, München: Hanser.

Gould, Stephen Jay (1983): Der falsch vermessene Mensch, Basel u.a.: Birkhäuser.

Haehling von Lanzenauer, Christoph/Huesmann, Monika (2002): Gestern, Heute und kein Morgen. Der schnelle Aufstieg und rasante Niedergang von TQM (Diskussionsbeiträge des Fachbereichs Wirtschaftswissenschaft der Freien Universität Berlin Nr. 2002/1), Berlin: o. Verlag.

Hartmann, Michael (2002): Der Mythos von den Leistungseliten. Spitzenkarrieren und soziale Herkunft in Wirtschaft, Politik und Wissenschaft, Frankfurt a.M./New York: Campus.

Hauck, Gerhard (1992): Einführung in die Ideologiekritik. Bürgerliches Bewußtsein in Klassik, Moderne und Postmoderne, Hamburg: Argument.

Heinze, Burger (1995): Graphologie, in: Sarges, Werner (Hg.): Management-Diagnostik, 2. Aufl., Göttingen u.a.: Hogrefe, S. 470-474.

Hochschild, Arlie Russell (1990): Das gekaufte Herz. Zur Kommerzialisierung der Gefühle, Frankfurt a.M./New York: Campus.

Hunter, John E./Schmidt, Frank L./Judiesch, Michael K.(1990): Individual Differences in Output Variability as a Function of Job Complexity, in: Journal of Applied Psychology, 75. Jg., Heft 1, S. 28-42.

Jank, Werner/Meyer, Hilbert (1991): Didaktische Modelle, Fulda: Cornelsen.

Jäger, Siegfried (2001): Kritische Diskursanalyse. Eine Einführung, 3. Aufl., Duisburg: DISS.

Kieser, Alfred (1995): Anleitung zum kritischen Umgang mit Organisationstheorien, in: Kieser, Alfred (Hg.): Organisationstheorien, 2. überarb. Aufl., Stuttgart u.a.: Kohlhammer, S. 1-30.

Kieser, Alfred (1996): Moden & Mythen des Organisierens, in: Die Betriebswirtschaft, 56. Jg., Heft 1, S. 21-39.

Krämer, Walter (1999): Wie schreibe ich eine Seminar- oder Examensarbeit?, Frankfurt a.M./New York: Campus.

Krell, Gertraude (1996a): Orientierungsversuche einer Lehre vom Personal, in: Weber, Wolfgang (Hg.): Grundlagen der Personalwirtschaft, Wiesbaden: Gabler, S. 19-37.

Krell, Gertraude (1996b): Gleichstellungscontrolling, in: Personalwirtschaft, 23. Jg., Heft 11, S. 12-14.

Krell, Gertraude (1997): Ecksteine einer erfolgversprechenden Gleichstellungspolitik, in: Personal, 49. Jg., Heft 3, S. 143-145.

Krell, Gertraude (1999): Geschichte der Personallehren, in: Lingenfelder, Michael (Hg.): 100 Jahre Betriebswirtschaftslehre in Deutschland, München: Vahlen, S. 125-139.

Krell, Gertraude (2001a): Zur Analyse und Bewertung von Dienstleistungsarbeit. Ein Diskussionsbeitrag, in: Industrielle Beziehungen. Zeitschrift für Arbeit, Organisation und Management, 8. Jg., Heft 1, S. 9-36.

Krell, Gertraude (2001b): „Vorteile eines neuen weiblichen Führungsstils" – Kritik eines aktuellen Diskurses, in: Krell, Gertraude (Hg.): Chancengleichheit durch Personalpolitik. Gleichstellung von Frauen und Männern in Unternehmen und Verwaltungen. Rechtliche Regelungen – Problemanalysen – Lösungen, 3. Aufl., Wiesbaden: Gabler, S. 389-400.

Krell, Gertraude (Hg.) (2001c): Chancengleichheit durch Personalpolitik. Gleichstellung von Frauen und Männern in Unternehmen und Verwaltungen. Rechtliche Regelungen – Problemanalysen – Lösungen, 3. Aufl., Wiesbaden: Gabler.

Krell, Gertraude (2002): Welche Bedeutung haben emotionale Kompetenzen im Arbeitsleben?, in: Salisch, Maria von (Hg.): Emotionale Kompetenz entwickeln, Stuttgart: Kohlhammer, S. 73-89.

Krell, Gertraude (2003): Die Ordnung der ‚Humanressourcen' als Ordnung der Geschlechter, in: Weiskopf, Richard (Hg.): Menschenregierungskünste. Anwendungen poststrukturalistischer Analyse auf Management und Organisation, Opladen: Westdeutscher Verlag, S. 65-90.

Krell, Gertraude (Hg.) (in Vorbereitung): Chancengleichheit durch Personalpolitik. Gleichstellung von Frauen und Männern in Unternehmen und Verwaltungen. Rechtliche Regelungen – Problemanalysen – Lösungen, 4. Aufl., Wiesbaden: Gabler.

Krell, Gertraude/Ortlieb, Renate (1999): Organisationskulturelle Aspekte der Fehlzeitendiskussion und der Rückkehrgesprächspraxis, in: Busch, Rolf (Hg.): Autonomie und Gesundheit. Moderne Arbeitsorganisation und betriebliche Gesundheitspolitik (Forschung und Weiterbildung für die betriebliche Praxis, Bd. 19), München/Mering: Hampp, S. 135-147.

Krell, Gertraude/Weiskopf, Richard (2001): Leidenschaften als Organisationsproblem, in: Schreyögg, Georg/Sydow, Jörg (Hg.): Emotionen und Management. Managementforschung 11, Wiesbaden: Gabler, S. 1-45.

Laske, Stephan/Weiskopf, Richard (1996): Personalauswahl – Was wird denn da gespielt? Ein Plädoyer für einen Perspektivenwechsel, in: Zeitschrift für Personalforschung, 10. Jg., Heft 4, S. 295-330.

Lenk, Kurt (1984a): Problemgeschichtliche Einleitung, in: Lenk, Kurt (Hg.): Ideologie. Ideologiekritik und Wissenssoziologie, 9. Aufl., Frankfurt a.M./New York: Campus, S. 13-49.

Lenk, Kurt (Hg.) (1984b): Ideologie. Ideologiekritik und Wissenssoziologie, 9. Aufl., Frankfurt a.m./New York: Campus.

Matiaske, Wenzel (1996): Statistische Datenanalyse mit Mikrocomputern. Einführung in P-STAT und SPSS/PC, 2. überarb. Aufl., München/Wien: Oldenbourg.

Neuberger, Oswald (1994): Personalentwicklung, 2. durchges. Aufl. (Basistexte Personalwesen, Bd. 2, hg. von Oswald Neuberger), Stuttgart: Enke.

Nienhüser, Werner (1998): Die Nutzung personal- und organisationswissenschaftlicher Erkenntnisse in Unternehmen. Eine Analyse der Bestimmungsgründe und Formen auf der Grundlage theoretischer und empirischer Befunde, in: Zeitschrift für Personalforschung, 12. Jg., Heft 1, S. 21-49.

Nienhüser, Werner/Becker, Christina (2000): Betriebliche Personalforschung. Eine problemorientierte Einführung (Skripte der Werkstatt für Organisations- und Personalforschung, Skript Nr. 1), Berlin: o. Verlag.

Nienhüser, Werner/Magnus, Marcel (1998): Die wissenschaftliche Bearbeitung personalwirtschaftlicher Problemstellungen. Eine Einführung (Essener Beiträge zur Personalforschung, Nr. 4, Universität-Gesamthochschule Essen), Essen: o. Verlag.

Ortlieb, Renate (2003): Betrieblicher Krankenstand als personalpolitische Arena. Eine Längsschnittanalyse (Reihe Betriebliche Personalpolitik, hg. von Gertraude Krell), Wiesbaden: DUV.

o.V. (2002): Richtig finden, in: test Spezial Internet. Wegweiser für Surfer, Stiftung Warentest, o. Jg., Oktober 2002, S. 35-38.

Salovey, Peter/Mayer, John D. (1990): Emotional Intelligence, in: Imagination, Cognition and Personality, 9. Jg., Heft 3, S. 185-211.

Schein, Edgar H. (1985): Organizational Culture and Leadership. A Dynamic View, San Francisco u.a.: Jossey-Bass.

Schweppenhäuser, Gerhard (1990): Emanzipationstheorie und Ideologiekritik. Zur praktischen Philosophie und Kritischen Theorie, Cuxhaven: Junghans.

Sieben, Barbara (2001): Emotionale Intelligenz – Golemans Erfolgskonstrukt auf dem Prüfstand, in: Schreyögg, Georg/Sydow, Jörg (Hg.): Emotionen und Management. Managementforschung 11, Wiesbaden: Gabler, S. 135-170.

Sieben, Barbara (2003): Daniel Golemans ‚Emotionale Intelligenz' in der Arbeitswelt: Kritische Betrachtung eines modischen Managementkonzeptes (in Vorbereitung).

Stahlknecht, Peter/Hasenkamp, Ulrich (1997): Einführung in die Wirtschaftsinformatik, 8. Aufl., Berlin: Springer.

Stary, Joachim/Kretschmer, Horst (1994): Umgang mit wissenschaftlicher Literatur. Eine Arbeitshilfe für das sozial- und geisteswissenschaftliche Studium, Frankfurt a.M.: Cornelsen Scriptor.

Theisen, Manuel René (2000): Wissenschaftliches Arbeiten: Technik – Methodik – Form, 10. Aufl., München: Vahlen.

Varma, Kavita (1996): Footnotes in Electronic Age: Scholars Struggle to Maintain Standards in Cyberspace, in: USA Today, 7. Februar 1996, S. 7D.

Wächter, Hartmut (1992): Vom Personalwesen zum Strategic Human Resource Management, in: Staehle, Wolfgang H./Conrad, Peter (Hg.): Managementforschung 2, Berlin/New York: de Gruyter, S. 313-340.

Weiskopf, Richard (Hg.) (2003): Menschenregierungskünste. Anwendungen poststrukturalistischer Analyse auf Management und Organisation, Opladen: Westdeutscher Verlag.

Anhang

- Muster des Deckblatts Ihrer Diplomarbeit

- Muster der Erklärung auf der letzten Seite Ihrer Diplomarbeit

FREIE UNIVERSITÄT BERLIN

Fachbereich Wirtschaftswissenschaft

Diplomarbeit

zur Erlangung des Grades

einer/s Diplomkaufmanns/-frau

hier bitte das Thema einfügen

eingereicht bei Professor Dr. Gertraude Krell

von cand. rer. pol. …

Matr.-Nr.:   …

Anschrift: …

            …

Tel.:   …

Berlin, den …

ERKLÄRUNG

<u>Ich versichere:</u> Ich habe die Diplomarbeit selbständig verfasst. Andere als die angegebenen Hilfsmittel und Quellen habe ich nicht benutzt. Die Arbeit hat keiner anderen Prüfungsbehörde vorgelegen.

<u>Mir ist bekannt:</u> Bei Verwendung von Inhalten aus dem Internet habe ich diese zu kennzeichnen und einen Ausdruck davon mit Datum sowie der Internet-Adresse (URL) als Anhang der Diplomarbeit beizufügen.

Berlin, den ...   (Unterschrift)
                                Bitte mit blauem Stift

ZEITSCHRIFT
FÜR
PERSONALFORSCHUNG

herausgegeben von Dudo von Eckardstein
Oswald Neuberger
Christian Scholz
Hartmut Wächter
Wolfgang Weber
Rolf Wunderer

ISSN 0179-6437, Rainer Hampp Verlag, München und Mering,
seit 1987, erscheint jeweils zur Quartalsmitte,
Jahres-Abonnement 45.- €. Die jährlichen Versandkosten
pro Lieferanschrift im Ausland betragen 4.- €.
Einzelheft 14,80 € frei Haus, Probeheft auf Anfrage.

Die *Zeitschrift für Personalforschung* (ZfP) versteht sich als eine wissenschaftliche Zeitschrift, die dem neuesten Stand der Forschung auf dem Gebiet strategischer und operativer Fragen der Bereitstellung und des zielgerichteten Einsatzes von Personal in Organisationen verpflichtet ist. Der Begriff „Human Resource Management" (HRM) umreißt in etwa den Gegenstand, auf den sich Beiträge beziehen sollen, ohne dass damit ein spezifisches Verständnis von HRM, ein bestimmter disziplinärer oder theoretischer Hintergrund oder eine Methodenpräferenz verbunden wäre.

Beiträge können Übersichtsreferate, analytisch-konzeptionelle Beiträge mit kritischer Reflektion und empirische Studien, auf die besonderer Wert gelegt wird, sein. Die Fokussierung auf die wissenschaftliche Fachdiskussion hebt die ZfP von Publikationsorganen im Personalbereich ab, die sich als Diskussionsforen vornehmlich für den Austausch von Praxiserfahrungen und Anwendungsempfehlungen verstehen.

Die ZfP ist dogmatisch nicht festgelegt, weder auf ein spezifisches Verständnis von HRM, noch auf bestimmte Theorietraditionen, Disziplinzugehörigkeiten oder Methodenpräferenzen. Zentrales Kriterium der Bewertung von eingereichten Manuskripten ist der Beitrag zu Fragestellungen, die Strukturen, Bedingungen, Verfahren und Prozesse menschlicher Arbeit in und für Organisationen behandeln. Es werden ausschließlich solche Beiträge veröffentlicht, die über den gegenwärtigen Stand des Wissens hinaus einen Erkenntnisgewinn versprechen.
...

(Zitiert aus: Mission Statement, ZfP 17(1), 7)